大学英语视听说教学模式与策略研究

周 卿 ◎ 著

吉林出版集团股份有限公司
全国百佳图书出版单位

图书在版编目（CIP）数据

大学英语视听说教学模式与策略研究 / 周卿著. --
长春：吉林出版集团股份有限公司，2022.8
ISBN 978-7-5731-1721-2

Ⅰ．①大… Ⅱ．①周… Ⅲ．①英语－听说教学－教学研究－高等学校 Ⅳ．①H319.9

中国版本图书馆CIP数据核字(2022)第118054号

DAXUE YINGYU SHITINGSHUO JIAOXUE MOSHI YU CELÜE YANJIU

大学英语视听说教学模式与策略研究

著　者	周　卿
责任编辑	张婷婷
装帧设计	朱秋丽
出　版	吉林出版集团股份有限公司
发　行	吉林出版集团青少年书刊发行有限公司
地　址	吉林省长春市福祉大路5788号（130118）
电　话	0431-81629808
印　刷	北京昌联印刷有限公司
版　次	2022年8月第1版
印　次	2022年8月第1次印刷
开　本	787 mm×1092 mm　1/16
印　张	7.5
字　数	160千字
书　号	ISBN 978-7-5731-1721-2
定　价	65.00元

版权所有·翻印必究

前　言

大学英语视听说课程的出现为提高大学生对英语的实际运用能力提供了条件。大学英语视听说课程对提高大学生的英语听力水平、口语水平有很重要的作用。一般而言，大学英语视听说课程不仅有课堂教学，还有线上练习，两个过程有机结合对于发挥大学英语视听说教学很有帮助。

大学英语视听说教学的主要目的是提高大学生的英语听力水平和口语水平，为他们今后应用英语奠定基础。英语是一个语言交流工具，对于发音有很高的要求，如果发音不准确，那么不仅可能让别人误解，也不能将信息传达给对方。在经济全球化背景下，英语的重要性越来越明显。可以说，如果一个人不具备一定的英语素养，那么他们未来可以发展的空间将非常有限。而且，大学公共基础英语所涉及的范围很广，听力和口语基本上都不是教师教学的重点，其重点往往放在词汇和句型等方面，所以单纯地依靠大学公共基础英语来提高大学生的听力水平、口语水平和应用英语的能力是不现实的。大学英语视听说教学能很好地弥补大学公共基础英语课程教学的不足，给学生提供更好的练习英语口语、听力的环境。

教学理念相当于教学方向，能够给整个教学工作带来很大影响。社会在不断发展，教育如果不能与社会同步发展，那么将远远落后于时代的需求，成为制约国家、社会发展的重要因素。这就要求教师在开展教学工作的过程中保证教学理念的时效性，让整个教学工作都符合社会发展的需要，将教育的影响力进一步深化，让每个学生都能在学习的过程中掌握主动性，推动素质教育的发展。

本书针对中华女子学院视听说能力现状进行分析。从该校视听说教学的现状来看，大学英语视听说教学存在着较多的问题，不仅影响了整个教学工作作用的发挥，同时也给学生未来的发展带来了很大的负面影响。为有效促进大学英语视听说教学质量的提升，就必须针对其存在的现状问题对症下药，制定出行之有效的对策。

目 录

第一章　大学英语视听说教学概述 ·· 1
　　第一节　大学英语视听说教学现状 ·· 1
　　第二节　大学英语视听说教学改革 ·· 5
　　第三节　大学英语视听说教学创新 ·· 8
　　第四节　多模态大学英语视听说教学 ··· 11
　　第五节　多媒体与大学英语视听说教学 ····································· 15

第二章　大学英语视听说教学的基本理论 ································· 19
　　第一节　创客式高校英语教学理论 ··· 19
　　第二节　体验式高校英语教学理论 ··· 24
　　第三节　反思性高校英语教学理论 ··· 26
　　第四节　高校英语的情境教学理论 ··· 29
　　第五节　高校英语中介学习理论 ·· 33

第三章　大学英语传统视听说教学模式 ···································· 36
　　第一节　传统视听说教学模式和网络交互式视听说模式对比 ········ 36
　　第二节　基于网络的大学英语视听说课程个性化教学模式 ··········· 38
　　第三节　网络环境下大学英语视听说自主学习教学实验模式 ········ 40
　　第四节　网络资源辅助大学英语视听说教学模式 ······················· 43
　　第五节　大学英语视听说"课堂＋网络"教学模式 ····················· 46
　　第六节　现代信息技术依托下的大学英语视听说实验教学模式 ····· 49
　　第七节　基于网络平台的大学英语视听说教学模式 ···················· 52

第四章　大学英语视听说教学模式创新 ··································· 56
　　第一节　"仿说"的大学英语视听说教学模式创新 ····················· 56
　　第二节　建构主义理论下的大学英语视听说教学模式创新 ·········· 60

  第三节 语类理论指导下的大学英语视听说教学模式创新……………………62

  第四节 大学英语视听说课程混合式教学模式创新………………………………68

  第五节 大学英语视听说的微信互动教学模式创新…………………………………70

第五章 网络环境下大学英语视听说教学……………………………………………76

  第一节 网络教学环境下大学英语视听说课程设计………………………………76

  第二节 多媒体网络环境下的大学英语视听说主题式教学…………………………79

  第三节 大学英语机考探索与英语视听说教学实践…………………………………82

  第四节 网络条件下的大学英语视听说应用能力培养…………………………………83

  第五节 即时通信软件在大学英语视听说教学中的运用………………………………85

  第六节 网络环境下大学英语视听说作业的创新设计和评价……………………88

第六章 大学英语视听说教学的实践应用…………………………………………95

  第一节 自然拼读在大学英语视听说教学中的应用………………………………95

  第二节 基于问题学习的教学法在大学英语视听说教学中的应用………………97

  第三节 微课视角下翻转课堂在大学英语视听说教学中的应用………………99

  第四节 原版英文电影在大学英语视听说教学中的应用………………………102

  第五节 产出导向法在大学英语视听说教学中的应用…………………………103

  第六节 大学英语视听说教学中英语语音知识的运用…………………………107

  第七节 教学支架在大学英语视听说教学中的应用………………………………109

参考文献…………………………………………………………………………………………112

第一章 大学英语视听说教学概述

第一节 大学英语视听说教学现状

新时代，随着我国在国际政治、经济、文化事务中地位的不断上升，我国对外语教育和人才培养提出了更高要求。《国家中长期教育改革和发展规划纲要（2010—2020年）》（以下简称《纲要》）指出："要提高我国教育国际化水平，培养大批具有国际视野、通晓国际规则、能够参与国际事务和国际竞争的国际化人才。"2017年，教育部颁发了《大学英语教学指南》（以下简称《指南》），将大学英语课程定位为我国高等教育的重要组成部分，指出该课程"对于促进大学生知识、能力和综合素质的协调发展具有重要意义，在人才培养的方面具有不可替代的重要作用"。《指南》重申大学英语的教学目标是："培养学生的英语应用能力，同时发挥学生的自主学习能力，提高综合文化素养，使学生在学习、生活、社会交往和未来工作中能够有效地使用英语，满足国家、社会、学校和个人发展的需求。"《指南》进一步明确了英语应用能力的定义，即"用英语在学习、生活和未来工作中进行沟通、交流的能力"，强调大学英语教学要以"英语的实际使用为导向，以培养学生的英语应用能力为重点"。

如何贯彻和执行《纲要》和《指南》对大学英语教学提出的要求，大学英语教学特别是视听说教学的现状如何，"00后"大学生英语学习的需求是什么，这些问题都是很好的课题，值得我们去研究。

一、大学英语视听说教学的意义

当前，很多企业对员工的大学英语四级和六级成绩有一定的要求。大学生都会参加大学英语四级和六级考试。但是，一些大学生并不能顺利通过大学英语四级和六级，而且得分最少的常是听力部分。针对这种情况，学生如果要顺利通过四级和六级考试，并且取得理想成绩，就不能把学习的重点只放在阅读理解等题型上，而是要"补短板"，加强对听力能力的训练，提高听力水平。部分大学生会利用课下时间自主练习英语听力、口语，但是因为缺乏教师的指导，所以他们不能找到科学、合理、有效的方法提高听力水平和口语水平，导致他们虽然在练习听力、口语方面投入了大量时间和精力，却没有什么明显的效果，不仅打击了他们练习听力、口语的自信心，同时还使他们丧失了耐心。通过大学英语视听说课程，学生可以在课堂上学会更科学的学习方法，从而花费最少的时间取得最好的学习效果。

实现现代化教育同样需要高校加强对大学生英语视听说能力的教学，因为真正能够对国家、社会起到推动作用的是应用型人才，而不是高分低能、只会纸上谈兵的庸才。自高校扩招以来，企业并不缺少人才。企业完全有能力招聘到高质量的人才，只要你行，你有胜任这个工作岗位的能力和资本，那么企业就会用你；相反，如果你只有一个高学历作为"敲门砖"，却是一个"空架子"，那么企业必然会无情地"抛弃"你，而聘请一个真正能够胜任这个工作岗位的人才。这就是当前人才竞争市场的真实写照。因此，那些想在未来发展过程中滥竽充数的学生就应该有所反思，不要企图用一些投机取巧的手段蒙混进入企业。大学英语视听说教学就是朝着培养应用型英语人才的目标发展的，既符合企业的需求，也保证了学生的利益。企业需要英语方面的人才，这样才能保证这些企业在国际上占有一席之地。

二、中华女子学院学生英语视听说能力状况和需求

中华女子学院的学生在北京市大学生入学分级考试中及格率较低。要使大部分学生在第四学期结束时达到《指南》所要求的听力理解和口语表达能力水平，这对于师生都是一个严峻的挑战。只有校方高度重视调动教师教学改革的积极性、教师重视自身发展，师生共同努力，方有可能实现这一目标。该学院大学英语课程开设四个学期。2016年以来由于总课时减少，"读写译""视听说"两门课程合为一门"大学英语"课程，取消了期末口语考试。其中，"视听说"课程变成了第一学期8学时，第二学期16课时，第三学期和第四学期只有少数学生学习了16课时的"视听说"课程。如何在半数以上的学生在第三学期和第四学期不再学习"视听说"课程的情况下，保证一半的学生在第四学期参加大学英语四级考试时听力理解达到及格，如何鼓励更多的学生参加大学英语四级口语机考并达到C级及格以上水平，这既是难题和挑战，同时也是一次改革的机遇。

（一）目前学生参加大学英语四级口语考试和听力考试情况

大学英语四级和六级口语考试是由教育部主抓的全国性的针对在校大学生举办的口语考试，目前多为网上机考。口语机考评价分A、B、C、D四个等级。各等级评价标准分别为：A等级能用英语就熟悉的话题进行交谈，基本没有困难，能就熟悉的话题连贯地发表意见和看法，能清晰、流利地叙述或描述一般性事件和现象。B等级为能用英语就熟悉的话题进行交谈，虽有些困难，但不影响交际，能就熟悉的话题做较连贯的发言，能较清晰、流利地叙述或描述一般性事件和现象。C等级为能用英语就熟悉的话题进行简单的交谈，能就熟悉的话题做简短的发言，能简单地叙述或描述一般性事件和现象。D等级为不及格，尚不具备口语交际能力。

2018年11月，中华女子学院第一次组织全国大学英语四级口语机考。参加此次考试的58人中，11人获得B级（19%），最好成绩为B$^+$（4人，占7%）。虽然及格率为50%，但考生成绩多为C级（36%）和D级（占14%）。以上数字说明该校学生参与四级口语考试的人数较少，口语成绩较低，口语能力亟待提高。

2018年12月中华女子学院有1056人参加了大学英语四级笔试，考生的听力及格率为23%，听力平均分为123.37分（按满分710分计算，满分为248.5分）。统计结果显示，学生的听力成绩和能力亟待提高。因此，高校及英语教师必须采取有效对策，提高学生的视听说能力，以帮助学生适应未来学习和工作的需要。

（二）女大学生对英语视听说教学的需求

2019年3月，笔者对所教的2018级A班和B班共计239人进行了问卷调查。分析结果显示，学生学习英语的目的从高到低依次为：学习英语对个人今后的发展很重要（97.91%）；为成为能说英语的人，与来自讲英语国家的人交流而学（94.14%）；为以后接受更高层次的教育而学（89.96%）、为今后工作需要而学（86.61%）；为获得四或六级证书而学（81.17%）；为出国需要而学（79.08%）。98%的学生认为开设英语视听说课程很有必要和有必要，43.1%的学生认为自己目前听力水平很差或差，47%的学生认为自己目前口语水平很差或差，99%以上的学生赞同或非常赞同需要提高自己的听力和口语能力。从学生练习口语的方式看，利用手机应用软件学习英语的学生占65.3%；84%的学生很赞同或赞同设置期末口语考试，认为通过每学期的期末口语考试可以熟悉大学英语四级口语考试题型，提前为以后参加大学英语四级口语考试做准备。可见，学生学习英语的目的主要是要满足今后的学习和工作的需要，学生的最大需求是提高自己的视听说交际能力。

三、改进视听说教学现状，满足学生需求的对策

针对我国大学英语视听说教学现状和学生的学习状况，笔者拟提出以下对策，旨在建立以学生为主体、以教师为主导的混合式教学模式，提高大学生的英语视听说学习效率和能力，为满足其今后学习和工作的需求而做准备。

（一）更新理念采用混合式教学模式

混合式教学（Blended Learning）是一种以互联网技术、新媒体技术等作为学习工具，将传统线下授课与在线学习结合起来的教学模式。学者何克抗认为："混合式学习就是要把传统学习方式的优势与数字化或网络化学习的优势结合起来，使二者优势互补，获得最佳的学习效果。"混合式教学鼓励学生在课下通过微课、慕课等在线资源自主学习新课，完成在线测试。教师在课上组织各种活动将知识内化。这种教学模式既发挥了教师在教学中的主导作用，又调动了学生作为学习主体在学习过程中的创造性、主动性和积极性，符合我国大学英语改革的需求。

（二）充分利用现代化教学手段

要充分利用教育部组织建设好的幕课和微课资源，借助 FiF 口语训练评价系统、蔡雷英语等手机应用软件，丰富大学英语视听说教学内容，提高学生的视听说能力和教师的教学效率。

FiF 口语训练评价系统由科大讯飞公司研发，利用国际领先的智能语音技术，配套专业口语智能评测训练内容，适配多终端的口语教学和管理系统，目前已有 592 所院校、3 万名教师和 77 万个教学班在使用。笔者在 A 级和 B 级共 6 个班试用了该系统，教学效果良好。该系统能够帮助高校创新口语教学模式，提高口语教学质量，探索信息技术下高校英语口语的课程建设。该系统能够帮助教师在线发布训练任务，实时掌握学生的训练情况；轻松自建机评题目，便捷创建个人教学题库；即时获取机评反馈，有效量化自主训练效果；全面掌握学习数据，及时反拨口语课堂教学。该系统还能够帮助学生及时完成教师的口语任务，主动开展口语自主训练；通过激励式学习模式，激发学生内在的学习动机；获取多维度即时反馈，清晰诊断发音问题；多终端适配口语学习，便捷高效随时训练。

（三）积极创建英语交际语境

学校要积极为学生创建英语交际环境，教师要为学生提供与教材相关的资料或在线平台。具备条件的学校可以开设外教口语课，开展英语角或沙龙活动；还可以每学年举办英语文化节，让学生通过歌曲、诗歌和戏剧演出了解英语国家的文化，讲好中国故事，传播中国文化。有留学生的学校可以让学生通过语伴结对练习视听说。口语交际的本质特征是以信息为出发点，提供真实的交际情景，创造真实的交际语境，充分体现语言的交际性。因此，教师在课上要精心设计情景，让学生将输入的听力材料有效地以口语形式输出，学用结合，提高学生的英语学习兴趣，锻炼学生的视听说实践能力。

（四）建立校本口语考试模式和标准

口语能力是对大学生实际语言应用能力的最直接的反映。各校应依据大学英语四级口语考试的标准确定校本口语考试的评分标准。考试形式也可参照大学英语四级口语考试模式：自我介绍—短文朗读—简短回答—个人陈述—两人互动。校本口语考试可依据教材内容和学生水平，在不同学期采用朗读、复述、对话、问答、看图说话、口头报告、讨论和辩论等形式进行。教师可以把学生在 FiF 口语训练评价系统中的测试成绩作为过程性评估的依据，把期末互动性口语表达成绩作为终结性评估依据，将二者合理、有效地结合起来。

满足国家、社会、学校和学生的需求是高校办学和培养人才的目标之一，也是大学英语教学努力的方向。高校要以需定教，以学促教。高校要培养高质量的应用型人才，就要采用混合式教育教学模式，将信息教育与教育教学深度融合；要在低年级开展通识教育，在高年级开设专门用途英语课程；要充分利用慕课、微课、手机应用软件和 FiF 口语训练评价系统，为学生提供丰富的自主学习内容和即时的学习成果反馈；要加强和提高大学生的英语综合应用能力，特别是培养大学生的视听说交际能力。只有这样才能使学生在当下和未来具有国际化视野，增强学生的就业竞争能力，最终满足国家、社会、学校和个人发展的需求。

第二节　大学英语视听说教学改革

　　根据《大学英语课程教学要求》，大学英语的教学目标为"培养学生的英语综合应用能力，特别是视听说能力，使他们在今后工作和社会交往中能用英语有效地进行口头和书面的信息交流，同时增强其自主学习能力，提高综合文化素养，以适应我国社会发展和国际交流的需要"。因此，全国各高校积极开展大学英语教学改革。在新的课程教学模式下，学生的英语综合能力得到了提升。然而，大学英语课程普遍重读写、轻视听说，教学内容偏重对课文、词汇和课后习题的讲解，因此造成了大学生的英语学习偏离了《大学英语课程要求》中的"培养学生的英语综合应用能力，特别是视听说能力"的要求。

　　随着中国与世界各国尤其是英语国家的交往和合作日益加深，英语的重要性日益突出，这也对当代大学生的英语综合运用能力提出了更高的要求。大学生越来越渴望提高自身的视听说能力，从而达到顺利沟通的目的。而在传统的视听说教学模式下，大学生的视听说能力提高缓慢。也就是说，传统的视听说教学已经不能满足大学生的需求。自从《大学英语课程教学要求》正式发布后，各高校从事大学英语教学的教师积极开展大学英语视听说教学改革，在各类教学研讨会上探讨了如何将创新的视听说教学理念落实到教学过程的各个环节。英语教师已经意识到传统视听说教学存在着一些弊端，以传统的教学方法讲授该课程很难达到理想的教学效果，因此提出了很多教学法改革，逐步探索并构建大学英语视听说课程教学模式，进行了多样的尝试和创新。

　　在教学改革过程中，视听说教学持续受到重视。然而，在视听说课程教学实践中仍然存在一些问题。例如，笔者所在院校的视听说课程只占了总课时的1/3左右，课程容量大、课时少，且听力大都只是单纯完成听力教材上的习题，内容相对枯燥，而"教师问学生答"的授课模式单一、缺乏趣味性，因此学生参与课堂的积极性不高，从而造成学生听力水平提高效率低，而口语部分更是被忽略甚至被省略。

　　大学英语视听说教学历经了几次重大改革，从传统单纯的听力教学发展到视听说教学，从传统的语音教室到在线英语学习系统。《大学英语课程教学要求》提出："大学英语课程的设计应充分考虑视听说能力培养的要求……应大量使用先进的信息技术，开发和建设各种基于计算机和网络的课程，为学生提供良好的语言学习环境与条件。"如今集图像、声音、互联网于一体的多媒体在线教学为大学英语教学提供了更广阔的空间，而在线自主学习是大学英语视听说教学的必然趋势和必要组成部分，因此研究多媒体环境下以学生为核心的新的视听说教学模式是十分必要的。

　　随着以计算机和互联网为核心的现代信息技术与英语教学的结合日益紧密，各高校积极探索多媒体在线教学新模式。计算机技术、互联网技术和多媒体技术的发展和应用为高校的大学英语视听说在线自主学习教学模式提供了有力的技术支持。笔者所在院校推行的大学英语视听说在线自主学习教学模式正是基于本校学生实际视听说水平而提出的以学生为核心的英语视听说课教学模式。

该教学模式的理论基础是建构主义和人本主义。陈坚林认为，"以学生为主体，以教师为主导"既是一种教学模式又是一种教学理念，是在相关教学理论与实践框架的指导下，为达到一定的教学目标而构建的教学活动结构和教学方式。他还概括了建构主义学习理论的三条基本原则：其一，学习是学习者主动建构知识的过程；其二，学习者以自己的方式建构对事物的理解；其三，学习是一个交流合作的互动过程。根据建构主义学习观，教师是意义建构的帮助者和促进者，而不是知识的传授者和灌输者。学生是信息加工的主体，是意义的主动建构者，而不是外部刺激的被动接收者和被灌输的对象。

人本主义重视人格和个性的发展。人本主义教学观强调以人为本，强调在教育中依靠学生自我指导能力的重要性，突出学生在学习过程中的主体地位，真正做到"以学生为中心"。笔者所在院校的在线自主学习教学模式相对于传统教学模式有以下几个优势：

一、教学内容丰富

笔者所在院校利用校园网络平台，整合信息资源，建立大学英语视听说教学资源库，给学生提供立体化的教学资源，如在平台上为学生提供与课程配套的学习资源、在线教学资源和大量音视频学习资料。在课堂上，教学过程要体现适度性。根据学生的实际情况，教学内容要做到难易度适中，同时注重授课内容的实用性，使其在学生的学习、生活交际中有实用价值和指导意义。教师在多媒体环境下充分运用图片、音频和视频等信息刺激学生的感官，真正做到视听结合，如根据学生的实际情况为学生提供难易度适中的、有趣的、来自 BBC（英国广播公司）、CNN（美国有限电视新闻网）的视听说材料，让学生接触真实的语言场景，体会语言的表意和内涵，分析汉英文化差异对词汇的影响，同时让学生感受和领略不同国家英语的异同，在视听的基础上激发学生说的兴趣，让学生能够更主动地参与课堂，同时增强学生的理解和记忆。

在课后，教师要为学生确立明确的学习任务，学生则可以利用平台上丰富的资源，如教师整理上传的课件、大学英语四六级听力训练、名人演讲、影视欣赏等多种多样的视听材料，根据自己的听力水平选择自己最感兴趣的视听说材料进行训练，成为积极、主动的学习者。教师也可以通过平台上的自主学习记录系统查看学生的自主学习情况，能够方便地了解学生的学习情况，及时发现学生在学习过程中遇到的问题，保障英语在线自主学习的质量。因此，丰富的教学资源不仅创造了生动的教学情境，而且有利于调动学生的积极性，提高学生的视听说能力。

二、教学方法灵活多变

在传统的英语视听说教学中,教师处于主动地位。在教学过程中,大部分教师只是播放录音、录像,或是简单地提问再校对答案;而学生处于被动地位,按照老师的课程安排来听,缺乏明显的学习动力,且由于教学课时有限,一次课与下一次课之间的间隙较长,学生的听力水平难以提高。教师很难进行个性化教学,学生学习的积极性不高,因此在同一专业同一班级中学生个体差异可能会越来越大。

而英语视听说在线自主学习教学模式的突出特点就是充分体现学生的主体地位,发挥学生的主观能动性。以讲授 Vacation(中国传统节日)这一单元为例,在笔者所在院校的该教学模式下,教师将学生分成小组,在学习之前安排各小组成员熟悉教学内容。教师在介绍相关背景知识后,让各小组成员通过网络平台获取学习资源,分工协作,选出代表在课堂上介绍一个中国传统节日。在多媒体语音室环境中进行视听说课程教学时,教师借助图片、音频、视频、字幕和解说等多种教学辅助工具,设计教学情境,带领学生一起对所学内容进行深入了解。例如,教师给出我国各个传统节日的特色图片或影像资料让学生深入探讨,就所学内容展开讨论,包括节假日的来源、意义等。教师还可以再介绍一些外国节日进行东西方节日的对比,创造更多机会让学生互动交流。教师引导学生熟悉相关的单词句型、协助学生进行有效的口头表达,训练学生独立思考,对学生的语言问题及时纠正、解答,还可以通过课后延伸练习来强化训练不熟悉的语言结构。在课后,教师给出完整的影视内容,帮助学生进一步提高英语视听说的能力和鉴赏能力。

在在线自主学习教学模式下,在课堂教学中,教师通过丰富多彩的内容(图片、音频、视频、配音练习等)、灵活多变的教学方法(排序、比较、演讲等),组织学生开展各项活动(双人对话、小组讨论、班级活动等),对整体学生进行引导,完成从"知识的灌输者"到"学习的引导者"的角色转变。学生在学习过程中始终处于主动地位,能够主动参与课堂教学活动,通过网络平台随时进行个性化视听练习,掌握了自己的学习进度,克服了教学平均化的缺点。学生看到自己的成绩和进步,信心就会进一步提高。

三、学生能力得到提高

在学生学习过程中,教师应密切关注学生整体和不同个体的学习情况,调动学生的主观能动性,使学生在提高领会能力的基础上发展表达能力。学生在完成在线自主学习后,教师在课堂上应引导学生通过情景表演、对话、讨论、辩论等多种形式来展现在线自主学习的效果,同时也培养学生的英语表达能力,也就是说的能力,将视、听、说相结合,切实提高学生实际运用语言的能力。

在在线自主学习教学模式下,教师提高了教学的灵活性和实效性,学生综合运用语言的能力也得到了真正提高,尤其是口语水平。在这种教学模式下,教学内容、教学方法、教学资源都是以学生的学为中心的,学生的主体地位被牢固地树立了起来。大部分新生之所以感到迷惘,觉得大学的自主时间太多,是因为他们一直接受知识的灌输,缺少独立思考和自主学习的能力。而在在线自主学习教学模式中,学生作为学习主体在教师的指导下,在根据自身条件和需要主动建构知识的过程中,另一种更为重要的能力——自主学习能力得到了极大的提高,这对学生的终身学习和发展都是大有裨益的。

教师认真研究不同层次学生的学习需求,提高学生的学习兴趣,培养学生的自主学习能力,使学生积极、主动地参与教学实践活动,真正贯彻"以学生为中心"的教学理念,对提高学生的英语综合能力特别是视听说能力、推进大学英语视听说教学改革具有重大的意义。当然,实施过程还存在一些问题和不足,教师在课程的具体教学实践中还应不断完善教学模式,改进教学方法,提高教学资源的科学性和实用性。

第三节　大学英语视听说教学创新

大学英语视听说教学是集视频、听力、口语教学于一体的全方位、立体化的英语教学模式。此课程以多媒体教室为媒介,以多媒体教学课件为载体,通过影像、声音、文字等手段声影并茂地为学生营造出真实轻松、愉快有趣的英语语言氛围,促进了师生间的良性互动,刺激了学生的语言感官,使大学英语视听说教学更形象、生动。同时,此课程让学生在真实的情境下进行英语交际实践,促进了学生学习英语的兴趣,激励了学生学习的积极性和自主性,是一种互动性的英语教学方式,与传统的英语教学中口语教学和听力教学完全脱节的教学方法有天壤之别。本书结合笔者使用《新视野英语教程:视听说教程》的个人体会,对大学英语视听说教学的原则和实践措施做了初步探讨。

一、视、听、说有机结合

大学英语教学中视、听、说三方面的有机结合非常重要。视、听、说三方面的有效融合,要做到向学生提供大量真实的语料作为语言输出的基础,以此来提高语言输出的质量。但在实际英语视听说教学中,这三方面所占比重应根据具体的授课情况做出相应调整。比如,有些学生在视听方面的能力较弱,这就要求教师相应地增加视听教学的时间。对于水平相对一致的学生,教师在授课时也需要对视、听、说三部分的教学时间做出调整。以《新视野英语教程:视听说教程》第一册为例,第三单元的 Talking Together(讨论)部分的角色扮演环节和学生的实际生活情况密切相关,话题与学生的寝室生活有关。如果学生在说的教学活动中踊跃发言,则教师应适当延长说的教学活动时间;如果视听教学活动时间被挤占,则教师可以通过视听前的充分准备来弥补缩短的活动时间。相反,对于第四单元 Talking Together(讨论)部分的角色扮演环节,由于图画较抽象,学生较难理解,虽说是开放式的角色扮演，但由于学生对相关词汇的缺乏，在表达和理解上可能会遇到困难。在这种情况下，减少口语练习教学时间，增加视听教学时间是很有必要的。

二、自主学习与协作学习相结合

视听教学部分是体现学生自主学习的主要途径，说的教学活动通常需要学生与同组的学习伙伴合作完成。视听教学教材是说的教学活动的基础，它为口语教学活动提供了丰富的素材。口语教学活动不仅可以检验视听教学活动的效果，并且在小组的学习伙伴合作完成这一环节，体现了英语语言的交际功能。该教学模式始终以学生为中心，教师是主持人和协调人，学生自主学习、独立研究、共同协作。在这个过程中，学生的独立意识和合作精神得到了培养。

视听说课程具有以下几个特点：教学内容着眼于趣味性；注重多元化的题材和体裁；以学生为中心，以教师为主导；语言活动的设计具有启发性；培养学生的科研能力；创造实践机会，培养学生的组织能力、实践能力和创新能力。

结合现在使用的教材《新视野英语教程：视听说教程》可以发现，该教程的教学内容分为基本语音训练、听力实战训练、视听实践训练，每单元由教师增加了电影、电视和实践活动；单元内容的安排由易至难，由浅至深；所选内容有经典老片，也有 20 世纪 90 年代以来的佳片；电影、动画、电视节目穿插进行，题材广泛，体裁多变，符合学生的学习规律及其心理和智力需求。

三、课内与课外相结合

视听说教学应该做到课内教学与课外自主学习相结合，并充分利用学生的课外时间，可以弥补课堂教学时间的不足，更重要的是有利于学生形成个性化的学习方法，提高自主学习能力。使用《新视野英语教程：视听说教程》时，辽宁金融职业学院根据此教材的内容构成，设计了一套视听说教学方案，以课堂上的精听和说为主，以课外泛听为辅。

《新视野英语教程：视听说教程》每单元分为五大板块。

（1）学习目标（Learning Focus）：该板块明确列出了每单元在语音、听力和口语训练方面的学习目标和学习重点，使学习过程有的放矢，使学习效果评估有据可依。

（2）语音训练（Telling Apart）：要提高英语视听说能力，语音是基础，也是基本保障。该板块设计了大量的语音练习，在注重实用性的同时兼顾趣味性；将发音相近的单词置于句子的语境中，配之以图，形式生动，又能达到辨音的目的。该板块还提供了谚语、诗歌和绕口令等，使学生既能强化语音训练，又能提高人文素养。

（3）听力训练（Testing Your Ears）：该板块的内容与读写教程中相应单元的主题相关。由于学生入学水平有差异，该板块的训练应循序渐进，由浅入深。开始时应以听短对话、听短文填空等形式为主；经过一段时间的训练后，再增加听短文回答问题、听短文选择答案的形式，由易到难，逐级提高。

（4）口语训练（Opening Your Mouth）：该板块的第一级、第二级以日常交际为主，第三级、第四级以职业交际活动为主。先以短对话的形式提供一些基本表达方式和两个对话样文，供学生模仿学习；随后提供形式多样的对话练习，难度递增，由简单的对话练习过渡到独立对话。这部分以听为基础，逐步进入说的训练，实现视、听、说的自然衔接，使学生能就日常话题和职业相关话题进行有效交谈。

（5）轻松一刻（Enjoying Yourself）：该板块主要提供幽默故事或英文歌曲，使学生在学习之余得到放松，体会语言的乐趣和美妙。

视听说教程中每个单元的内容都较多，不可能在一课时内全部完成这六大板块的教学内容。因此，教学方案设计为由一名教师授课，两课时完成一个单元，再把一部分视听资源作为课外泛听任务布置给学生。以《新视野英语教程：视听说教程》第一单元为例：

在设计教学方案时，教师考虑基础很重要。因此，第一课时主要为学生的视听说打下牢靠的基础。训练内容主要是基础语音和引导学生掌握听力技巧，提高听力理解和分析能力。教师在第二课时授课时，增加了大量的说和看的内容，为学生提供内容丰富的视听素材、形式多样的口语活动，注重真实性和互动性，逐步提高学生在不同情境下用英语交流的能力。

学生的课外自主学习主要通过网络课件和光盘完成。学生在进行课外泛听自学过程中如果遇到问题，就可以在网上提问或在教师答疑日当面向教师请教。此外，教师也会在每个单元留出一定的课堂教学时间，以便学生对自主学习内容进行提问和讨论。必要时，教师可以通过查看在线学习记录或进行阶段性测试等方法，监控和检查学生的自主学习情况。

四、活动多样化

在实际教学中，教师可以根据视听材料和话题选择或设计不同的课堂活动，如短剧配音、角色扮演等。以《新视野英语教程：视听说教程》为例，除了书中提供的丰富活动外，授课教师还可以根据需要增加其他活动，包括视听前的准备活动。

教师在视听过程中也可以给学生布置任务。比如，在第一册第九单元的 Listen to the stories（听故事）中，可以把这两个小故事给学生做 Dictation（听写）材料，然后教师可以指导学生进行角色扮演；在第二单元 Lost and found（失物招领）中，请学生注意有关失物招领的表达方法；在第一册第三单元 Opening Your Mouth（口语训练）中，可以用中文缩写短剧中的三段对话，然后把缩写后的中文对话发给学生，请学生在视听后把对话翻译成英语。

教师同样可以对视听后的口语活动进行调整。例如，在做完第二册第一单元有关"理想的室友"的视听活动后，可以让学生制定寝室规章制度；在第二册第七单元的 Talking Together（讨论）中，在让学生描述旅行计划前，可以给不同的小组就旅行花费或旅行主题

（怀旧、环保、考古等）进行不同的限定。视听后的活动可以在课堂上完成，也可以在课外准备好，在课堂上展示。

大学英语视听说教学应提供给学生丰富的英语语言素材以及丰富多彩的口语实践活动，以此来培养学生的英语语言交际能力，学生的综合文化素养也会因此得到提高。在具体教学实践过程中，对于视听说材料的选择、视听说教学的课堂组织、课堂以外的学生自主学习管理、教学活动与现代技术的结合以及教学评价等，英语教师还有很多需要探索的课题。

第四节　多模态大学英语视听说教学

在数字媒体技术发展的新时代，大学英语视听说课程的设计应充分利用多媒体和在线教学平台，使学生突破原有的纸质图书材料数量与时空条件的限制，创设真实语境，增加语言输入形式，这对培养和提高学生的口语表达能力和语言应变能力大有益处。

目前，大学英语视听说教学尤其是高职院校非英语专业大学英语视听说教学还存在一些问题，主要表现在：教学以讲解词汇和语法知识为主，单纯的听力训练要多于视频和口语表达训练，语言材料输入形式过于单一。此外，高职院校学生的英语总体水平不高，在视听说课堂上大多是被动的接受者，不能积极、主动地去提高自身的听力技能，更不愿开口进行语言训练，因此视听说课堂缺少充分的师生互动，难以达到预期的教学效果。

为了提高高职院校大学英语视听说课堂教学质量，改善高职院校学生的英语视听说课堂教学效果，教师应该从学生和课堂实际出发选取适当的教学模式，合理设计实际教学途径以便改善学生的视听说学习效果。基于以上原因，课题小组开展了行动研究，以期改变本校的大学英语视听说教学现状，探索适合本校学生特点的课堂教学设计来切实提高学生的视听说等实际交流能力。

一、多模态与英语教学

在社会符号学领域，模态指的是表征信息的方式或者媒介，这些方式和媒介可以形成一个系统清晰的表达意义。因此，使用不同模态能够传递不同形式的意义。多模态英语教学通过多种模态（如语言、文字、图像、声音、表情、肢体动作等）同时刺激听话者的感官（听觉、视觉、触觉、味觉、嗅觉等），调动听话者的多种感官协同运作，以帮助听话者加深印象、强化记忆、提高交际的有效性。该教学模式以功能语法为理论基础，以社会符号学为视角。为了调动起学习者多种感官协同运作，具体的教学设计可利用不同的媒体和信息传递方式促进学习者进行学习。

国内多模态外语视听说教学研究正在朝着纵深的方向发展，尤其是近几年，不仅逐步完善了理论研究，更重要的是将理论与课堂教学实践相结合，使研究方法更加科学，结果更加趋于数据化。大部分的视听说实证研究运用的是持续一年左右的教学对比实验方法，实证研究对象大多为本科院校的在校大学生。结果表明，基于多模态话语分析理论的听力教学方法更有效，且能够对不同水平的学生体现出不同的教学效果，更有利于高水平学生听力成绩的提高。但是，这些研究的方法和过程都比较相近，所得出的研究结果都十分相似。相对于其他研究而言，在多模态课堂教学实证研究方面，以提高高等院校非英语专业学生视听说能力为目的的研究还很少。

二、行动研究

近年来，国内外学者普遍关注教学行动研究，提倡教师即研究者，将课堂作为实验室，以行动研究来解决在教学中遇到的实际问题，从而提高教学质量，在教学第一线推动教育教学改革的深入。行动研究是一种系统、批判和探究的自我反思的过程，其目的是解决问题、改进实践和促进理解。

行动研究的最大特点是在自然条件下进行实践研究，其优点是使日常工作、改革、科研同步运作，教师可以自行操作，并对实践进行不断的反思，通过"计划—行动—观察—反思"四个步骤进行。行动研究是一个动态循环的过程，这四个步骤一轮接一轮地循环往复，这一循环过程也符合教学活动本身动态发展的特点。

三、行动研究过程

（一）发现及明确问题

2015年9月，为了准确、有效地掌握数据，以采取有针对性的措施来改善大学英语视听说教学效果，课题小组参考其他研究设计了针对吉林师范大学博达学院一年级非英语专业学生的英语视听说课程态度问卷调查表。在博达学院2015级学前教育专业9班、10班，共80人，进行了大学英语视听说课程态度现状调查，并对发放的80份有效问卷进行了回收、整理和分析。有72.5%的学生认为自己的听力较弱，有21.25%的学生认为自己的听力很弱，只有6.25%的人认为自己的听力最强；有13.75%的学生表示自己能非常顺利地完成英语视听说课程课堂口语表达活动任务，有42.5%的学生认为自己能顺利完成口语表达活动任务，有30%的学生不确定自己能完成口语表达任务，有13.75%的学生明确表示自己不能完成课堂口语表达活动任务。问卷调查和学生访谈显示出的主要问题有：（1）英语视听说课堂的大部分时间都用于教师播放录音、视频，讲解听力技巧和分析听力文本，学生多是被动接受，教学形式单一、枯燥；（2）大多数学生认为课堂口语表达活动题目有趣，但自己总是无话可说；（3）大部分学生在课后很少再找机会去练习听力，更不会主动用英语进行交流。

课题小组通过对教学中发现的问题和调查问卷所反映的问题进行系统的整理，对其存在的原因进行了归纳、总结，原因主要集中在以下三方面：（1）多数学生英语对视听说课程重视不够，课堂活动参与度不高，与教师的课堂互动仅停留在问与答的阶段；（2）大部分学生的高考英语分数较低，一些省份取消了高考听力考试或者英语成绩不计入总分，导致一些学生缺少基本听力策略和口语表达能力；（3）英语视听说课程的每个单元的内容都较为丰富，学生在课后可以通过在线课程进行补充性练习，但大多数学生的自主学习能力差，没有形成积极的视听习惯，自主学习效果不佳。

（二）实施行动研究

在确认以上问题后，课题组参考国内外专家对英语视听说教学的相关研究确定了相应的研究计划，并于2016年2月至6月进行了旨在提高学生英语视听说能力的多模态教学行动研究。

教学使用的教材为上海外语教育出版社出版的《新世纪大学英语视听说教程》（第三版）。根据多模态英语教学的特点和教学设计应遵循的原则，教学活动围绕每个单元的主题展开。根据教材设计，授课班级以小组合作训练的方式完成口语表达任务。每个小组成员都有具体的分工，包括知识点的搜索、课件的制作和汇报任务，每次汇报时间为5~7分钟，教师会进行点评和评分。

第一轮行动研究：结合图片、图形、动漫等多种模态，培养基本的听力理解能力，介绍简单实用的听力技巧，如预测、猜测、判断、推理等，同时讲解相关的听力元认知策略，以培养学生形成良好的听力习惯。

克拉申（Krashen）认为可理解性输入是第二语言习得的必要条件，语言输入是学习者语言知识内化的必要条件。因此，在第二轮行动研究过程中，课堂训练多采用视频、漫画、图片、音频等多模态辅助的、易理解的语言输入材料，促进学习者对语言输入的加工处理，以促成学生的语言理解和输出，完成简单的口语表达任务。

第三轮行动研究：为了进一步增强学生的实际语言运用能力和自主学习能力，通过在线教学平台公布下一次课的口语表达任务，同时提供与话题相关的音频、视频、文字材料；要求每个学习小组根据以上材料内容制作原创课件、电影配音、戏剧表演、模拟面试等。

四、研究结果与反思

（一）研究结果分析

通过课堂观察可以发现，将学生以寝室为单位分组进行口语练习的效果要比按学号顺序分组效果好。另外，利用随机数软件抽取讨论小组进行口语表达的效果比按学号顺序点名要好，这不仅增加了学生的压力感，也激发了学生的兴趣。大部分学生表示这样做即使有压力自己也很愿意去尝试，提高了课堂参与度。

通过课后的学生个案访谈可以发现，实施多模态教学行动研究以后，68.75%的学生认为英语视听说课程比以前有趣了，41.25%的学生感觉英语视听说课程整体作用很大，

32.5%的学生表示自己收获较大。英语视听说课程不仅在听力元认知策略和题解技巧方面给了学生更多的指导，提高了学生的听力理解能力；难度适当、具有趣味性的口语表达任务也让学生从一开始的"无从下手"到后来的"渐入佳境"，"每个学习小组都会认真准备，要拿出令人满意的作品来"。

（二）教学反思

第一，教学活动设计在大学英语视听说教学中极为重要。多模态的教学活动需要打破传统的以灌输知识为主的单一模式，在教学中始终贯穿"学生主体"的理念，注重学生从语言知识学习向交际能力的转变。

在每次上课前，教师应该要求学生利用互联网探究的方式进行个人的自主学习和小组协助学习以完成教师下达的任务，鼓励学习小组利用信息技术将口语表达任务通过声音、图像、视频或动画等多种模态进行个性化呈现；在课堂教学中，教师应该注重利用多种模态创设生活及未来职场的真实语境，给学生提供多种模态的语言输入形式，使学生在配音、模拟角色扮演等过程中能够全方位、多感官地学习语言，提高学生的语言表现力和实际交流的能力；在课后，师生可利用多模态化的在线学习资源，如QQ群和微信群等进行评价和交流。教学活动的多样化设计的丰富化，有助于提高学生学习的积极性和主动性。

第二，为了提高学生自主学习能力和合作学习能力，使学生更好地适应未来职业需要，教师在对教学内容、教学活动采用多模态化设计的同时，更需要构建课堂内容与互联网资源相融合的多模态学习平台，如开发在线网络课程、慕课等学习资源，这使得教学时间和空间延伸至课外，改变了原有的教学方式，从而解决了英语视听说课程课时少这一难题。

（1）自主学习能力的培养。教师利用多模态化学习平台以及QQ群、微信公众号，能够促使学生依据自身个性化的需求，主动探究有趣的图像、视频、音频和动画学习素材，通过视觉、听觉建构模拟的语言交互情境，提高学习兴趣。学生应根据自身的基础、兴趣爱好等个性需求因素，通过多维在线平台进行听、说、读、写、译的学习或自测，独立自主地完成教学内容。此外，学生利用视频、音频等模态记录自己的学习过程，能够较好地进行自我测试及评估。

（2）合作学习能力的培养。新的课堂教学模式要求学生通过多模态学习平台进行合作学习。各小组成员要通过课件、视频、Word文档、图像和音频等多种形式进行交流、互动、协作，共同完成各项学习任务，同时分享较好的学习资源。教师要发挥"支架作用"，参与其中，指导和解答学生在合作学习中遇到的问题。

（3）探究性学习能力的培养。现代互联网技术的发展为探究性学习提供了多模态学习平台及可实现的环境。教师应善于利用多模态化的学习平台开发和提供在线课程、微课视频资源、慕课资源，为学生的探究性学习提供有力的保障。同时，学生根据所学内容可以进行在线评估，评估自己已有的学习能力及今后仍需努力的方向。

本研究针对大学英语视听说教学中出现的具体问题，尤其是学生视听说能力较差、教学模式单一、枯燥等问题，以多模态外语教学理论为指导，结合行动研究，提出了多模态大学英语视听说教学模式。经过三轮的行动研究，通过问卷调查、课堂观察、教学反思和学生访谈的方式，课题小组发现学生的听力理解和语言交际能力有所提高，总体达到了行动研究的目标。然而，鉴于研究能力和范围的局限，本研究仍存在不足之处，研究结果尽管有一定的说服力，但仅局限于本校非英语专业的大学英语视听说教学，该教学模式可以在今后授课过程中得到进一步完善。

第五节 多媒体与大学英语视听说教学

英语作为国际通用语言，是中国人与国际社会进行友善交流的主要工具之一。学好英语、正确运用英语，是我国高等院校英语教学的重要目的，这对提高我国国际影响力有着很大的促进作用。当下，互联网技术、多媒体技术已经渗透人们生活工作的各个角落，对大学英语教学也产生了一定程度的影响，使得传统教学模式向着网络化、技术化方向发展转变。大学英语视听说教学是"三位一体"的教学模式，运用视觉、听觉和语言交流对学生的英语表达能力进行培养提升。以往的英语教学以教师为主体，忽视了学生自主学习的培养，同时也使得"视、听、说"教学发生了分离。据不完全统计，当前已有85%的高等院校对大学英语视听说教学进行了多媒体教学模式干预，开始了全新多媒体英语教学的探讨与研究，同时学生的学习积极性得到了前所未有的提升。结合多媒体技术进行英语教学，可以改变教师的大学英语教学思想，改善师生关系，培养学生的自主学习能动性，进而培养当今社会发展需要的全能型人才。

一、多媒体在大学英语视听说教学中的作用

（一）教学模式多样化

在传统的大学英语视听说教学中，多数教师通过播放音频与学生进行交流，以英语习题和教师讲解为辅助来完成英语教学。这种教学模式使得学生必须跟从教师的教学脚步，无法对自身的英语学习进行创新。该教学模式过于单一，仅仅通过机械式的声音传播进行授课，极容易使学生产生感官疲劳。多媒体技术可以使大学英语教学实现模式多样化，通过课堂的音频、视频播放，学生能够轻松地感受英语在实际生活中的应用，此外也可在互联网上进行自主学习；根据自身的学习需求，从互联网上提取适合自己的英语资料和习题。同时，教师借助互联网技术可以实现师生之间的英语互动，及时解决学生在学习过程中遇到的疑点难题，实现大学英语视听说教学模式的多样化。

（二）提高学生的学习兴趣

由于每个学生的实际英语听力能力存在差异，造成了学生的英语水平的参差不齐。对于学习能力较差的学生，当学习成绩一直处于中等或偏下水平时，其对英语的学习兴趣会受到一定程度的负面影响，慢慢地就会丧失了对英语学习的兴趣，进而使得英语教学质量严重下降。多媒体技术通过生动的画面与合理的声音配合对学生的视觉、听觉产生了适当的冲击，使学生能够在英语学习过程中感受英语的魅力。同时，教师可以根据每个学生的水平分别制定合理科学的教学目标和教学内容，在提高学生学习水平的同时，使学生重拾英语学习的自信，提高学生的英语学习兴趣。

（三）丰富教学教材

我国的教学机制在不断地进行更新、改进，而大学英语视听说教学采用的教材还仅仅是听力教材，并且听力资料较为单一，已经与当下时代"脱轨"。教学教材过于单一枯燥，也降低了学生的学习兴趣，同时打击了学生在课堂上的学习积极性，降低了英语教学效率。多媒体技术可以为学生提供丰富的网络及其他方式的英语资源，使得学生不管是在课堂上还是在课外都可轻易地获取丰富的教学教材，如课堂上的英语经典电影欣赏和课外的在线视频教学等。教学教材的合理扩展可以为学生创建更多的学习平台，学生可以根据自己的时间适当地分配学习时间，极大地提高了学习效率。

二、多媒体在大学英语视听说教学中的应用

（一）教学模式改变

多媒体技术使得英语教学模式发生了天翻地覆的变化，同时也使师生之间的教学关系发生了良性转变。传统的教学模式较为单一，教师处于学习的主导地位，学生在无法跟上教师教学节奏的时候会产生焦虑、着急的心态。英语视听说教学应当充分利用多媒体技术。在每节英语课堂学习之前，教师对本节教学内容进行详细了解，同时确定合理的教学目标，根据学生的平均学习水平选取合适的音频和视频资料。教师通过影像资料对英语教学内容进行讲解，在适当的节点对教学重点进行讲解和扩展，使得学生对英语内容的掌握更加深入。在每节课程结束后，教师应当布置科学的、符合学生学习情况的课外作业，对每次的课堂英语学习知识进行再一次的巩固。

（二）手机客户端和在线学习的应用

多媒体、互联网技术的飞速发展，手机客户端和互联网上也出现了大量的英语教学软件和视频，如具有英国或美国风土人情的电影赏析、Unipus高校外语教学平台及人际交流的微信或QQ等。教师应当鼓励学生通过手机进行英语学习交流，通过手机下载合适的学习软件，如在线游戏型软件、课本同步型软件等，以便充分掌握课堂上的英语知识；同时，学生利用手机对社会常用的商务、交际、职场英语进行学习，方便学生在日后的工作生活

中，对其能力进行一个有效的良性的补充和提升。除此之外，手机的良好应用也可使学生的课余时间得到充分的支配，使学生的课余生活变得更加丰富多彩。互联网上的英语影像和学习平台为学生提供了更多的学习选择。学生通过互联网进行学习可以使其学习积极性得到提升。同时，如果学生在学习过程中遇到难点，教师应当鼓励学生通过互联网平台与其进行交流，也可通过手机互通软件进行讲解。在线学习可以使学生不再局限于课堂的学习进展，根据自身需求适当提高英语学习水平。

（三）教材内容的完善

教师在大学英语视听说教学过程中，应对教材内容进行完善和改进，不应局限于以往的单一、枯燥的教材，应开展"以人为本"的教材改编。在各高校使用的《新标准大学英语视听说教程》教材中，教师可适当添加视频影像内容，充分体现生活、工作的英语应用效果，同时引导学生的人生价值观的正确树立。如《阿甘正传》的影视欣赏，纯正的美式英语对话对学生的英语口语可起到明显的提升效果，同时影视主人公积极向上、坚持自身原则的价值观，可对学生树立正确人生价值观起到积极作用。

三、大学英语视听说教学采用多媒体技术需要解决的问题及策略

（一）在线学习与课堂教学的相关性

部分高校英语教师已经开始了多媒体技术的应用。但是，在课堂视频学习和课下网络学习中，一些教师选取或布置的英语学习资料往往与当天课堂教学内容出现一定程度的差异，同时出现在线学习与课堂教学内容发生脱节、不相关的现象，造成事倍功半的负面效果。这一现象造成了学生在学习过程中抓不到学习重点，同时也遗忘了视频、在线平台学习的目的。因此，在课堂学习中，教师应当把握住视听说教学内容的重点与核心，了解学习资料掌握的难易程度，选取贴近学习与生活的主题，选取有趣的生活资料，在提高学生学习积极性的同时对英语学习提起挑战欲望。由于在线学习中有游戏型学习方式，因此，教师在课后的在线学习中，应通过微信、QQ等方式，结合家长监督，对学生的课余在线学习进行充分了解，避免学生在游戏过程中迷失学习方向，忘记学习的本质目的。

（二）教学需求与设备的协调性

虽然多数高校已经在校内配置了多媒体教学设备，但是仍有部分院校并未配备完善的多媒体教室，导致大学英语视听说的教学质量得不到充分的提高，也降低了学生的学习兴趣。因此，政府教育机构应加强对多媒体教学课堂的重视，加大资金投入力度；校方应积极开展多媒体教室的建立，为教师和学生提供先进的设备和技术；社会应对英语教学多媒体技术给予充分肯定，相关设备生产及技术研发单位应加大对英语教育的设备更新与技术创新力度，使得学生的学习质量得以最大化的提高。

（三）教学理念的提升

在大学英语视听说教学应用多媒体技术的过程中，有部分教师、学生和家长出现了不认同的现象，认为课堂学习就是理论讲授，如进行视频欣赏辅助或其他方式的教学模式会使学生的学习注意力发生偏移，造成学生考试成绩的下滑。此种理念需要及时更正。大学生是社会发展的必要人才，需要具备综合性的专业素养，不单单是理论知识的掌握，更多的是专业知识的实际应用能力。应在社会上对多媒体教学进行合理科学的宣传，增强社会认同感。同时，教师对于多媒体教学模式理念应当及时提升，切勿出现教学理念跟不上多媒体教学模式的现象；教学方式要不断地改进，可以开展高校之间的教学交流或到国外学校进行学习，不断总结教学过程中遇到的困难，并及时交流解决，进行创新改进。

（四）教育工作者计算机技术的提升

大学英语教师的计算机技术水平是参差不齐的。部分英语教师的理论教学经验较丰富，但是由于受年龄限制，对于先进的多媒体技术掌握不足，使用计算机不够熟练，对于部分课堂课件的制作还处于手写阶段，制约了多媒体教学的开展。教师作为英语视听说教学的重要组成部分，应当及时提升自身的计算机技术水平，熟知互联网上各大科学的学习平台，为学生选取适合他们的平台或视频；同时，使用网络交流平台，对学生的疑点难点进行及时讲解。

大学英语视听说教学模式已经开始了深入的研究实践，但是在部分高校中仍旧存有诸多的问题，需要教师及时提升、改进教学理念，完善教学模式，完善教材，使用手机客户端或在线平台对学生的学习兴趣进行培养、提高；同时，针对每节课堂的教学内容重点开展合适的在线教学，提高学生的学习主观能动性，进而最大化地提升教学质量。

第二章 大学英语视听说教学的基本理论

第一节 创客式高校英语教学理论

一、创客教育与创客

近年来，一种全新的教育形式——创客教育正在全球教育领域兴起。最早发展创客教育的是美国，主要标志性事件有：2009年美国前总统奥巴马在"教育创新（Educate to Innovate）"大会上发言，以及美国白宫于2012年启动了"创客教育计划"（Maker Education Initiative，MEI）。创客教育作为重在培养学生创造与创新能力的新型教育方式，一经提出迅速在全球教育界风靡，在许多国家的初等教育和高等教育的各个层面都受到了越来越多的重视。

（一）创客教育的起源

创客教育起源于创客运动，即美国的"maker movement"。"创客"一词来源于英文单词"Maker"，是指出于兴趣与爱好，努力把各种创意转变为现实的人。创客的起源可以追溯到2001年美国麻省理工学院（MIT）比特和原子研究中心（CBA）发起的微观装配实验室（Fab Lab）创新项目，后来在克里斯·安德森（Chris Anderson）的《创客：新工业革命》一书中最早用到了"Maker"一词。创客概念一经提出之后，因其所包含的创新理念契合了工业4.0（第四次工业革命）背景下的社会发展趋势，其"做中学"的学习模式同教育2.0背景下的21世纪核心素养的要求异曲同工，而受到了以教育界为主的社会各界人士的推崇。自此，世界各地创客空间蓬勃发展，创客活动如火如荼。当创客和教育相融合之后，创客教育作为一种全新的极具生命力、感染力和创造力的教育模式便应运而生了。

（二）创客教育的定义与特征

创客教育是以培养具有创客精神和素养的全人为目标的一个系统的教育理念。创客教育也是一种新型的教育模式，它的主要学习方式是"从创造中学"。创客教育的定义分为广义和狭义，本节中的创客教育指的是广义上的创客教育，即一种以创客精神为目标导向，能够最大限度地激发人们的创客精神的教育形态。与传统教育相比较，创客教育具有以下特征：

（1）创客教育的目标是培养创新实践能力。创新技能被视作21世纪学生应具备的三大核心技能之一，而创新也是教育现代化的重要内涵之一。

（2）创客教育的内容是跨学科学习。创客教育促进了信息技术等科技与教育相融合。与"STEAM"教育相似，创客教育也是一种学科整合的教育，追求在多学科结合的学习中培养学生的综合能力与和素养。

（3）创客教育的核心方式是"从玩中学""从做中学""DIY（自己动手做）"，从而培养学生的动手能力和实践能力。

二、创客式大学英语教学的理论依据

传统的大学英语在进入互联网时代后，在各种新的教育技术和教学理念的冲击下，需要进行一定的变革以适应这个新的纪元。创客教育的出现给大学英语教学的变革提供了一个新的方向——以创客教育理念为指导，发展创客式大学英语教学。创客教育发展的推动力是政府的推动以及教育技术的发展，而究其根本，还是来自其背后蕴含的丰富教育理念。发展创客式大学英语虽然是新兴的教育概念，但其实它的背后有多种成熟的教育理论支撑，其中包括实用主义教育理论和建构主义学习理论等。

（一）实用主义教育理论

实用主义教育理论的核心观点是"从做中学"。在实用主义教育理论指导下的教学中，个体在活动中的亲自体验与尝试是其获得真知的主要手段。这也就意味着在教学中，知识不再是本位，教师也不再是中心，要鼓励并帮助学生主动去探索和成长。在学校教育中，学生的主体地位要得到确立；教师要探索有效果且有趣味的教学方法，确保学生的学习要在实践中进行，而学习的目的是发展学生的能力。

创客教育试图让学生在动手操作中体会创造的乐趣，变以传统知识为主导的课堂为学生创造的乐园，而教师最重要的任务是指导学生在实践中学习、成长和发展。可以说，创客教育理论正是对实用主义教育理论即约翰·杜威（John Dewey）的"做中学"教育理念的继承和发展。

（二）建构主义学习理论

根据建构主义学习理论，学习是一个构建过程。学生首先对事物有一定的认知，然后在具体的情境中实践、体验，再重新建构新的认知。在这个过程中，教师的作用是辅助、引导，教师是合作者、引导者，而不仅仅是传授者。在建构主义理念下，教学的中心也是学生，学生已有的知识要受到足够的重视，创新思维的开拓发生在学生新旧知识的融合中。在教学中，教师应设定具体情境，这将有助于学生知识的建构。学习时，学生应多互动，共享经验，协同合作解决问题。交流讨论、头脑风暴有助于学生最终达成共识，从而促进新知识的建构。

创客教育呼应了建构主义理论，同时强调学生通过自主探索与师生、生生积极合作，以达到提高学生思维和创造能力的目的。

（三）项目教学理论

项目教学法主张以项目促进教学。教师将独立的项目交由学生处理，学生负责项目的各个环节：收集信息、设计方案、项目实施最终的评价。项目教学法的最显著的特点是以项目为主线、以学生为主体、以教师为引导。

项目教学法强调先练后讲，先学后教。其中，学生要自主学习、主动参与，从尝试入手、从练习开始。学生学习的主动性、积极性和创造性都能得以调动，这有利于学生自学能力和创新能力的培养。在项目教学中，学习过程即创造实践活动，人人参与其中。项目教学注重的不是项目完成的结果，而是实施的过程。在项目实践过程当中，学生分析问题和解决问题的思想和方法得到了锻炼，对课程要求的知识和技能进行理解和把握，从中也体验到了创新的艰辛和乐趣。可以看出，创客教育所主张的体验式教学同项目教学法的主张殊途同归。

三、创客式大学英语教学的发展路径

创客教育的核心理念是鼓励学生在创造中学习，培养学生的创新思维和能力。创新思维和能力并不仅仅表现为动手制作的能力，还包含产生新理念、新方法的能力。因而，创客教育虽然起源于动手制作类课程，但它是适合任何学科的，当然也包括大学英语课程。大学英语课程承担着培养大学生英文水平，从而实现他们的知识体系与世界接轨，学习全球先进知识和技能的任务，其重要性不可谓不高。同时，大学英语教学在新时代、新技术的背景下，迫切需要改革，因为传统的教学方式已经不再能够完全胜任时代的需求。而创客教学这种新型的教学理念的出现无疑给大学英语教学改革带来了新的推动力。

（一）实施 STEAM 教育模式，增加大学英语能力培养维度

STEAM 教育于 1980 年在美国被提出。S、T、E、M 指代四个学科：Science（科学）、Technology（技术）、Engineering（工程）、Mathematics（数学）。随着艺术学（Art）的加入，这几个学科统称为 STEAM 教育，其目标是培养学生动手、创新、综合运用科学知识的能力。而跨学科知识的整合与学习者之间的协作也正是创客教育的宗旨。所以，高校要发展创客式大学英语教学也要通过学科知识之间的整合来促进学生的全面发展和个性化发展。其具体路径是通过实施 STEAM 教育模式，增加大学英语能力培养维度。传统的大学英语教学只注重英语知识的传授和讲解，缺乏对学生跨学科能力的培养。其根本原因是受教育技术、教师能力和课程设置的限制。采用 STEAM 教育模式发展创客式大学英语教学就是要克服这些限制，改变传统的大学英语教学方式。具体做法如下：

1. 提高教师跨学科视野和综合素质

在创客式大学英语教学当中，大学英语教师要转变自身角色，不能总是沿袭传统大学英语教学一味地向学生机械地灌输英语词汇、语法等知识的方法。教师应该做课堂活动的引导者、协助者，甚至是新技术、新理念的学习者。如果教师的眼中只有英语知识，那么学生所能学到的也只能是英语知识而已。大学英语课程所包含的知识不仅只有阅读、写作、视听说、翻译等英语语言方面的知识，语言的学习也不应该是孤立的，结合其他专业知识进行语言学习可以达到事半功倍的效果。教师应该以跨学科的知识充实自己，以跨学科的视野组织课上和课下的活动，从而使学生从大学英语课堂获得的不仅仅是英语的知识，还有多学科的综合知识和技能。

2. 设计培养学生综合能力的创客式课程

教师具备跨学科的能力和视野是前提，有了这个前提条件之后，就可以设计旨在培养学生跨学科综合能力的创客课堂。创客课堂有助于打破学科之间的壁垒，有助于强化不同知识的整合。学生应在学习过程中不断地尝试，在与同学的讨论中不断完善自己的设计和作品。大学英语原有教材的内容通过教师跨学科视野的整合，完全可以用来培养学生的综合能力。例如，"A Brush With The Law"（触犯法律）一课中，教师可以按照项目教学法的理念将学生分成几个任务小组，各小组在课前分别负责课件和小微课的制作。教师可以提供这样几个内容供各小组选择：文中的语言文化知识、文中的地理知识、文中涉及的西方法律体系以及中西方法律体系的差异。在课前，各小组成员选定任务后分工配合，利用互联网收集素材，并基于计算机技术完成制作任务。在课上，各任务小组通过Presentation（演示）的方式展示小组成果，之后可以进行小组互评和教师评价。在课后，各小组根据教师和同学的评语进一步完善小组的作品。又如"Deer and Energy Cycle"（鹿与能量循环）一课中，学生可以在教师的引导下对生态学和能量循环方面的知识有一定的了解。再如"The Professor and the Yo-Yo"（教授和Yo-Yo）一课中，如果教师引导得当，学生就可以在了解爱因斯坦故事的同时涉猎物理学和工程学的相关概念。学生从创客式大学英语教学当中受益，无论是深度还是广度都将远远大于传统的大学英语教学。除了在课堂上获得知识之外，学生在小组任务的完成中还能够增强计算机技能和协作沟通能力，这正是创客教育强大作用力的体现形式之一。

（二）采用混合式学习方法，变革大学英语教学模式

混合式学习（Blended Learning）一般是指在线学习方式与传统学习方式相结合，广义上也可指各种学习方式的结合，如自主学习方式与协作学习方式相结合等。进入21世纪，随着互联网的普及，现代教育技术长足发展，在线学习已经成为非常重要的一种教学方式。关于在线学习和传统的面对面教学这二者之间的关系，目前国际教育的共识是，只有将这二者结合起来、优势互补，才能获得最佳的学习效果。

在发展创客式大学英语教学时，混合式学习方法是很好的模式。通过课堂讲授、阅读、讨论交流、协作学习、案例分析、资料收集、问题解决、反思和角色扮演等活动，混合式学习能充分发挥学习环境的开放性、共享性以及学生的主动性、创造性，发展学生的兴趣，培养学生信息素养的基本能力，同时还能使学生适应与应用新媒体环境，使学生在参与中探索体验并学会分享与合作。具体方法如下：在课前准备阶段，主要是基于互联网的学习者的自主学习，学习者登录平台自主学习由教师事先上传的教学视频、课件等线上课程资源，然后完成答疑讨论和在线测试，而教师则可以根据学生的讨论和测试的情况分析学生的知识薄弱环节。在课中阶段，主要是在线下对知识进行巩固完善，教师有针对性地讲解重难点，重点解释课前收集到的问题，也可以组织学习者互相讨论，主要是解决问题、深化知识的过程。在课后，学生需要再次登录平台撰写学习日志，记录自己这一周的学习情况或遇到的问题。教师还可以根据不同水平学生的学习程度，单独布置课后任务。通过课后在线完成这些任务，学生可以将相关知识进一步融会贯通。此外，英语学习网站和手机应用软件也可以作为学生课外线上学习的平台，教师可从中挑选一两款让学生安装使用，甚至可以精选出其中某些任务单元组织学生以游戏竞赛的方式完成。这些课内和课外的线上学习手段将极大地补充大学英语课堂线下的学习，不仅增加了学生的学习时长，更提高了英语学习的趣味性，从而达到了良好的学习效果。

教师采用混合式学习的方法发展创客式大学英语教学，根据不同的教学目标和教学内容为学生选取合适的教学模式，线上与线下学习模式相互切换，课内学习与课外学习相互补充。在教师引导、启发下，学生作为学习过程主体的主动性、积极性和创造性得到了充分体现。

（三）提倡探究式教学，提高大学英语教学效果

探究式学习是指从学科领域或现实生活中选择和确立主题，在教学中创设类似于学术研究的情境。学生通过动手做、做中学主动地发现问题，通过实验、操作、调查、收集与处理信息、表达与交流等探索活动，获得知识，培养探索精神和创新能力。创客式大学英语教学倡导学生的主动参与学习。大学英语教师首先要做的是调动学生学习的积极性，让学生思考怎么做、做什么，而不是让学生接受现成的结论。学生从亲自实践当中获得的知识是直接经验，从教师或者书本中获得的知识属于间接经验。实践是知识的唯一来源，因而间接经验还是要在实践中去检验，学生需要在实践中把书本知识变成实际知识，而这正是发展探究式教学的重要意义所在。

探究不仅是学习的过程，还是学习的目的。发展创客式大学英语教学要有意识地培养学生的自主学习能力。自主学习能力有助于学生运用已有知识去探索和发现更多的相关语言以及语言背后的知识和文化。英语本身就是工具性的学科，形成了自主学习能力的学生将能够更好地运用英语这个工具，从而进一步去学习其他学科的知识。因而，发展大学英语的探究式教学能够帮助学生将英语学习中的知识体系化，从而使自己的相关知识形成一个以语言文化为核心的跨学科统一体。大学英语探究教学的培养目标是多维度的，不仅教会学生语言基础知识、技能和文化背景，还要培养学生的学习习惯和思维方式。发展创客

式大学英语探究式教学可以为学生创造课内与课外、书本与网络、学习与实践相结合的立体化语言学习环境。学生在网络教学环境下,以自主学习和合作学习为主、以教师讲授为辅,通过探究的方式来完成语言知识和技能习得,并通过学生的自我实现促进教学效果的优化。

"互联网+"时代已经到来,在信息教育技术飞速发展的背景下,传统的大学英语教学需要一场变革,而创客教育的出现为这场变革带来了新的方向。创客教育提倡以学生为主体,从做中学,培养有创新能力的学生,符合高校人才培养目标和21世纪核心素养要求,因而发展创客式大学英语教学将是顺应时代发展的恰当选择。其主要实现路径是:充分利用互联网和现代教育技术,采用线上与线下相结合的教学模式,在教师的引导下鼓励学生自主探究、协同进步,发展跨学科综合能力尤其是创新能力。当然,创客教育作为一种新型教育模式,其效果如何仍需要更多的时间去验证。发展创客式大学英语教学还有一些问题需要解决,如如何促进传统教师向创客导师的转变、如何保证学生在探究式学习当中的积极性、如何合理安排混合式学习中线上学习和线下学习的时间比例、如何改进传统的教学评价体系,以及如何采用定量的方法验证创客式教学的效果,等等,都将是未来创客教育研究的方向。

第二节　体验式高校英语教学理论

体验式英语教学是当今世界教育学研究和实践的一种主流思潮。体验式英语教学注重以学生为中心,注重学生的认知经验,提倡发现式学习,强调学习过程和学习的互动等。将体验式教学理论应用到实际课堂教学中有助于提升学生的自信心和学习能力。

一、体验式英语教学的理论依据

体验式英语教学强调学习者的个体需求和个性化的学习风格,强调合作式学习,强调课堂交际情境的创设和课堂语言实践环境的真实性。

构建主义学习理论是体验式英语课堂教学的教育学依据。构建主义学习理论强调学生对知识的主动探索、主动发现,以及对所学知识的主动构建。基于构建主义学习理论,让·皮亚杰(Jean Piaget)认为,学习过程中的建构是个体积极参与的意义构建,是个体根据自我经验而达到的理解。因此,构建主义学习观强调在学习者过往经验的基础上主动选择、加工和处理外部信息,主动建构知识的过程。在该理论指导下,体验式英语教学模式特别注重学生的自主体验,强调自主学习能力的培养,强调学生学习的主动性和参与性。体验式英语学习模式鼓励学生学会对自己的学习进行反思,以期发展学生的新技能、新态度、新理论和新思维方式。体验式英语学习模式的理念认为,教育就是创造一种直接的学习环境，让学生在这样的环境中获得知识、应用知识。体验式英语教学的核心是在整个教学过程中，让学生通过真实或模拟的语言学习活动获得语言体验、增加信心、体验成功和快乐。美国心理学家罗杰斯认为只有体验学习才是有意义的学习。体验学习以增长学生的经验为中心，以学生的潜能为动力，将学习活动、愿望、兴趣和需求融为一体，所以能够有效促进个体的发展。

二、体验式英语教学的优势

邹为诚等在讨论体验式英语学习的教育学理论的基础上，提出了五项"以语言体验为核心"的教学原则。与传统教育模式相比，体验式英语教学模式具有以下优势：

（1）以学生为中心。传统的英语课堂教学是教师讲、学生听，不能充分调动学生的学习积极性，也忽视了课堂教学的互动性原则。而体验式英语教学强调以学生为中心，强调学生的个体差异，教会学生运用语言而不是孤立地学习。

（2）以任务为基础。传统的英语教学注重词汇的精讲、词汇的意义比较学习，还注重分析句法结构、句法的作用和语言的准确性。而体验式英语教学则注重文化内涵的渗透教学，注重以教学内容为基础材料，比较学习英语语言国家的文化。

（3）以互动式教学为特征。体验式英语教学注重通过在线交互学习，为学生设置运用英语的情境，组织学生参与语言交际活动，使学生在交际过程中相互学习，提高学生学习的积极性和创造性，培养学生的自主学习意识，学生的学习方式由被动变成主动。

三、体验式英语课堂设计

体验式英语学习理论强调学习是学生的学习。为了让学生积极参与课堂教学活动，让学生通过自己的参与体验产出语言，教师在课堂教学中要注重以下方面的教学设计：

（一）注重教学情境的创设

语言学家克鲁姆说："成功的外语课堂教学应该创造更多的情境，让学生有机会应用自己学到的语言材料。"体验式英语教学设计的目的是让学生在真实的语言环境中感知、体验语言在现实生活中的实际应用。因此，教学过程中设置的场景、语境应符合真实的语言交际情景。教师设计的各种教学活动应让学生有足够的机会去体验、感知，使学生获得对语言在实际生活中的应用体验。

（二）注重搭建语言实践平台

学生是学习的主体，有效的学习需要从学生的兴趣出发，从解决实际问题出发。教师的作用在于为学生提供丰富的学习情境，帮助和指导学生建构自己的经验，引导学生从直接经验中学习。体验式英语学习强调让学生在语言学习的过程中感知、体验语言的实际应用，为此，教师应该为学生创造、搭建语言实践的平台。一是课堂活动的开展。如教师确定语言主题，组织学生开展课堂辩论、主题讨论、即兴演讲、小型英语角等活动，让学生在讨论发言的进程中感知、学习、体验语言的运用。二是拓展课外活动。如举办英语话剧比赛、商务谈判、无领导小组讨论等英语语言实践活动，让学生进入自己的角色，在具体环境中实践、体验并修正语言。三是鼓励学生出国留学。如参加交流生学习项目，到目的语国家学习语言，在真实的语言环境中感知、体验和学习语言。

（三）注重对学生自主学习能力的培养

自主学习能力指的是学生确定学习目标、学习进程，对自己的学习能力进行评估。自主学习能力主要靠后天的学习来培养。培养学生对自己学习负责的能力，也是培养他们对社会负责的能力。自主学习让不同层次、不同水平的学生都能学会学习，得到不同程度的发展。自主学习不是忽视教师对学生学习的指导，也不是放任自流。自主学习是在教师的个性化指导下的学习。教师要因材施教，根据个体的实际情况设计学习目标和学习进程，加强对学生学习进程的跟踪检查和指导，这样才能培养学生的自主学习能力，提高学习效果。

（四）注重学习策略的指导

学生学习能力的提高要注重对学习策略的掌握。学生在学习过程中遇到的许多问题不是没有理解教学内容和材料，而是缺乏认知策略和元认知技巧。学习策略对学生的学习起着至关重要的作用，学生学习结果的差异性往往是由不同的学习方法的差异性造成的。为此，教师在指导学生自主学习的过程中，要注重学习策略的培训，注重学生的个体差异，注重英语学习中常见的难题，如汉英语言的差异、英语语音、语法、词汇、篇章、文化等方面的问题。教师要帮助学生发现适合自己的学习技巧，确定学习目标，培养使用策略的意识，从而提高学习效率。

体验式学习与交际教学法理论中的任务型学习法是一脉相承的，两种学习理论都是以让学生积极参与课堂教学活动为基础，让学生在参与交际活动的过程中学习、掌握语言在实际生活中的应用。学生通过体验外部世界与自身经验互动从而获得知识。为此，英语教学设计要根据学生的实际水平调整教学内容，创设浓郁的语言交流环境，在课外开展丰富的语言文化交流活动，设计各种语言实践场景模拟活动，让学生在学习语言的过程中体验生活，在日常语言交际中感知、认知语言的实际应用。

第三节 反思性高校英语教学理论

反思性教学模式是一种教学理念。由于教学内容需依据学生的学习状况不断调整，教学理论也应不断思考与更新。本节意在分析反思性英语教学的教学理念，说明反思性教学理论的教学意义，对反思性英语教学理论进行重新定位与思考。

反思性教学是在教学主体的不断研究下，针对教学行动、教学目的、教学工具等方面的内容做出改进，这样的改进能提高教学手段和教学能力。教师在进行自我评价和自我反思的过程中扮演着多重角色，既可以进行教育，也可反复思量，被教育。

反思性教学特点诸多，它是循环与提升的过程。在这个过程中，教师积极关注教学目的和结果。在教学过程中，教师还应具备在课堂上不断探索的能力。

反思性教学依靠教师之间的交流探究良好的教学方式，对教学行为进行研究和探索。教师在教学中需要积极反思，积极思考教学理论的定位。本节主要对英语教学的理论进行重新定位、思考，探讨良好的英语教学方式。

一、反思性英语教学模式

随着教育体制改革的深入发展，人们对教育教学体制的认识不断加深，教师成为提升教育教学质量的关键。教师通过对自身教学能力与教学行为的不断反思，反复定位与思考自己在教学过程中所做种种决策以及每个决策所产生的后果。教师在教学过程中是教学参与者，其认识水平和观察水平与教学行为息息相关。教学行为的转变与教师观察能力的提升有关。教师在英语教学过程中不断反思自己的教学行为，能够促进自身教学能力的不断提升。教师为达到教学目的要进行教学研究。教师要对在教学过程中产生的各种教学行为进行计划、反馈、调控和改进，以期达到预期的教学目的。

反思性英语教学是一种教学模式。教师具备一定的教学模式，在实践经验与教师的间接知识相结合后，教师再结合实践成果与教学反思就能够形成新的职业能力，逐渐养成专业的英语教学素养。

二、反思性英语教学的意义

反思性英语教学为教师的自身发展提供了发展前景和规划。教师在进行自我教育、自我发展的过程中不断调整教学方法和教学技能。为了提高自身素质，为教学发展创造一个新思路、新途径，教师必须着眼于自身问题，仔细思量，应从教学中常出现的问题着手。教师要不断调整教学方式与方法，思量自己为什么要成为一名英语教师，一名英语教师要具备什么样的条件，该用怎样的标准去衡量学生的学习。教师应综合多种评判方法，在整个教学过程中不断做出各种判断，去思量和评判，以便形成新的教学方式和教学行为。

反思性英语教学意义重大。反思性英语教学能使教师在整个教学过程中，不断发现问题，对整个教学效果做出判断和评价，构建合理的教学评价体系。在整个教学过程中，教师凭借语言知识和能力提高教学的质量和水平。如果教师采用反思性英语教学模式，在教学过程中不断反思和思量，将教学有效性与实践性相结合，就能够提高教学的质量和水平，提高教学的合理性，塑造一个成功的教学前景模式，构建一个稳定的教学体系。

三、反思性英语教学理论重新定位与思考的实践应用

（一）反思性英语教学理论在高校英语教学中的运用

反思性学习是一个较为完整的学习过程。行为研究是反思性学习理论中的一个重要反思方法。行为研究是从反思至计划，再从计划至行动、观察、反思的过程。在这个过程中，要不断反思教学行为在高校英语教学中的应用。

教师要通过教学观察，发现教学中存在的一些问题，再去思考解决问题。初入大学，学生会感觉课程难度较大、单词生疏、英语能力提升困难。在了解这些基本的英语教学现象后，教师便要去分析原因。调查研究表明，绝大部分高校的学生的英语基础不够扎实。学生学习英语需要掌握一定的学习技能。依照心理学研究，技能形成之际，可以通过练习曲线表示。在练习曲线中期，往往会出现进步停顿的状况。在这段时间，学生的学习会出现停滞现象。在刚进入高校期间，学生新的学习技能尚未养成。

针对学生的学习状况和当前的学习能力，教师应提出有针对性的解决措施，以激发学生的学习动机。教师要不断激励学生，教导学习差的学生勤能补拙，教导学习成绩好的学生不能骄傲。

当学生的学习兴趣提升上去之后，教师接下来要做的工作便是改变学生的学习思想，让学生懂得进入高校后更应锻炼的是英语实践应用能力，而非语法和句型，更多的是口语交际能力。在学生的学习思想转变之后，教师便要指导学生采用良好的学习方法，学习的过程是亲自经历和亲身体味的过程。学生在学习时需掌握一定法则，分段学习，将学习时间分成多个时间段。学生的学习是个不断实践的过程，只有教学设计富有特色，学生的学习才富有意义。

（二）反思性英语教学理论在大学英语写作中的应用

反思性教学理论在大学英语写作中的应用颇广。在大学英语教学中，采用过程教学法能增加英语教学的有效性。教师在完成单元课程教学后，应积极反思教学活动，对整个教学体系做出如下反思：

教师须反思课堂组织形式、反思自己在教学中的角色、分析学生的学习效果。教师在反思课堂组织形式时，应分析教学活动的三个阶段，即课堂准备阶段、课堂写作阶段、教学结束阶段。在课堂准备阶段，教师应组织学生展开小组讨论，让学生对英文作文的主题做出全方位、多层次的考虑与思索。在学生讨论之后，教师将学生的观点进行收集、整理，最终以一个整体纲要的形式展示，将主要与次要、正面与反面的原因一一列好。在课堂准备阶段，学生自由发挥进行写作，将写好的文章与同学交换修改，不断丰富文章内容，使文章符合题目要求。

在整个写作结束后，教师要对整个教学单元进行总结和反思，反思各个教学过程是否合理得当。教师还要对教学步骤、教学时间和教学内容进行合理调整。

在反思单元课程教学后，教师便要反思自己在教学中扮演的角色。教师是教育者也是受教育者。在大学英语写作的课堂上，教师与学生都充当写作活动的主体，教师更应做好纠正、检查、指导工作。

教师在分析自身所扮演的角色后，要考察整个教学效果，了解学生的学习效果。教师可通过问卷调查的形式调查学生的英语写作兴趣，观察学生在课堂上的表现。待学生作文定稿后，教师再来判别学生的写作能力和写作兴趣。

在了解学生学习能力的基础上，教师要积极调整教学策略和教学方法，以便取得更好的教学效果。教师在与学生互动时，要注重提问技巧和语言的应用能力，不断反思教学手段，促使学生提升学习兴趣，使学生的英语写作能力和写作水平得到提升。

四、反思性英语教学理论的前景分析

20世纪80年代，建构主义的引入对教育学术领域的影响巨大。教师需要在教学过程中不断反思教学问题。教学目标、教师的计划及设计与教学目标息息相关，教师要立足于学生的学习实际，从学生的学习特征和已有的教学设备入手。反思性教学理论教育意义重大，对于英语教学的研究有着影响作用。反思性教学理念的兴起对建构主义思想具有极大的推动作用，在一定程度上弥补了英语教学理论匮乏的问题。教师努力构建符合学生实际需求的反思性英语教学理论体系，提升学生语言能力，促进教师职业素养的提升。经过认识主体的自我反思和自我认知结构的更新，教师既是教育者也是受教育者，必须能对自己的学习和生活进行积极的反思和监控，通过反思和重新定位，提升思维认识的高度。反思性英语教学理论对其他学科也具有积极的影响，为学会教学和学会学习提供合理的价值观导向，对今后的教学具有一定的指导作用。

在教学实践和经验总结的指导下，教师需要不断改变传统的教学理念，采用反思性的教学模式，使教学更富有科学性和合理性。教师需要反复观察学生在学习过程中产生的问题，将反思成果应用于英语教学实践，促进英语教学水平的提升。

第四节　高校英语的情境教学理论

英语教育在当代社会备受重视，然而由于缺乏真实的语言学习情境，在我国呈现明显的被动性。许多学生学了多年的英语，通过了全国英语四级、六级考试，却无法流利地用英语与他人进行交流，"哑巴"英语现象一直普遍存在。作为一种交流工具，英语是一门实践性很强的学科，具有很强的情境性和实践性。而当前的英语学习却普遍依靠死记硬背，学生空有一肚子的单词和语法知识，却难以将其运用于实践当中。这样一来，导致英语教学工作并没有达到它真正的目的。

一、情境教学的含义

《教育大辞典》给"情境教学"下了这样的定义:"情境教学就是指教师创设具体生动的知识场景,激起学生主动学习的兴趣、提高教学效率的一种教学方法。"张华在《课程与教学论》中提出:"情境教学是指教师人为地创设含有真实问题或真实事件的教学情境,学生在解决问题或探究事件的过程中自主地理解知识或建构意义。"概而言之,情境教学就是指教师通过人为地"创设"一些具体的"教学情境",更好地帮助学生进行学习活动的一种教学方法。

情境教学理论强调知识与情境活动之间动态相互作用的过程,认为知识与活动是不可分割的,学习者在具体情境中通过活动获得知识,因此,学习是情境性的。在传统的"填鸭式"教学过程中,教师先是灌输一套抽象的概念性知识给学生,然后学生再将这些知识应用于具体的实践当中。而情境教学理论认为,概念性的知识只是一种工具,概念性知识的含义不是由它本身决定的,而是由它所处的群体活动和文化背景共同决定的。概念性的知识只有通过在具体情境活动中的具体运用才能被充分理解,因此不同的群体在不同的情境下对同一概念的理解是不同的。知识不是一个抽象的概念,不是由客观决定的,更不是由主观产生的,而是个体通过与环境交互建构来的。

二、情境教学理论在英语教学中的意义

从教学角度看,教学离不开情境。不论是自然产生的还是人为"创设"的,教学总是处在某种情境中。从学习角度看,知识赖以产生的背景就是情境。可以说,教育从产生的那一刻起,就与情境有着不可分割的关系。英语知识只有在它们产生和应用的情境中才能产生意义。英语教学离不开情境的创设,情境教学理论对于英语教育来说具有重要的意义。

传统教学观念认为,知识是固定的,是一成不变的。在我国传统的英语教学中,知识大多来自教师对书面教材的讲授。而情境教学理论认为,知识具有情境性。也就是说,知识不应脱离具体情境加以学习和训练。离开了具体的语言情境英语知识就偏离了其得以产生的土壤,英语教学应置于具体的语境之中。事实上,就其本质而言,英语知识来自个人体验,脱离了个人体验,就不能构成对个体来说有用的知识。对于英语学习者来说,如果不能把书面的或教师讲授的内容内化为学习者的理解与认识,那么这些知识就只能被称为信息。对于这些脱离了学习情境的信息,学习者也许能够死记硬背,却不能灵活运用,使之转化成自己知识结构体系的一部分。

英语学习者通过传统教学获得知识和技能,但在具体运用时经常会遇到各种问题。这主要是因为英语学习者通过传统讲授型课堂教学获得的信息通常是脱离语言情境的,这样的信息往往是肤浅的、简化的、刻板的、难以准确迁移的,完全不同于知识和技能在具体情境中的运用。因此,许多英语学习者能够通过考试,但却不能将所学信息灵活运用于具

体情境中。情境教学理论的研究表明，在具体情境中进行的学习活动效率更高，并能灵活运用于具体场合，而在传统教学中被"灌输"的知识被称为"惰性知识"，很少能在适合的场合积极、主动地被运用。或者更准确地说，学习者不知道应该在哪种情境中使用这些知识。这是因为英语知识并不是孤立的，而总是存在于一定的语言情境中。学习者在传统课堂学到的知识是抽象的，脱离了具体的语言背景。该理论将知识设想为一种副产品，是一种个人与情境之间相互作用产生的副产品，而学习则是个人、知识与情境三者交互作用的结果。情境教学理论的介入可以弥补学校教育中缺少实践的不足，让学生能在真实、逼真的环境中获取知识，提高分析问题、解决问题的能力。

三、情境教学的创设方法与策略

教学策略为教师选择和运用教学方法提供了富有操作性的指导思想，是指导教师在教学活动中进行教学行为的操作指南。传统"填鸭式"英语教学方式由于缺少英语情境的创设，主要是教师单方面的讲和学生单方面的记。学生很难有机会开口，以至于开不了口，达不到英语教学对听、说、读、写各方面的综合要求。因此，英语教学要注重情境的创设。情境教学理论对教师的要求日益提高，教师必须构建能反映教学目标和内容的情境任务，并通过这些任务评估学生的英语能力，从而进一步提高和完善英语课程的教学工作。

（一）英语教学情境的创设方法

（1）联系生活实际，重现日常情境。在传统英语课堂教学中，教师只是进行单纯的讲解，比较枯燥乏味，学生难以记住知识点并将其灵活运用。其实，知识的学习与学生的智力背景有关。相比较而言，与学生背景近的知识容易被学生掌握，与学生背景远的知识就难以被学生掌握。因此，将英语知识与学生的日常生活联系起来，有助于学生的理解和运用知识。教师要尽可能地创设与所授知识相关联的教学情境，贴近学生的日常生活，使他们产生亲切感，从而学得更容易，并能在日后灵活运用这些知识。教学情境的创设为语言的使用建立了知识背景。学生可以利用已有的知识体验来理解词汇意义和句法意义。抽象的英语单词教学要尽量结合日常生活，教师应多创设词汇情境，与日常生活联系起来，以加深学生对词汇的理解和记忆。这样做有利于学生对相关知识的理解，并且缩短他们对新知识点认知的时间，能较好地提高学生的学习兴趣和学习效率。

（2）利用现代多媒体技术创设情境。传统课堂教学由于受时空限制，很多教学内容无法直接呈现在学生面前。随着计算机技术和互联网技术的不断发展，多媒体教学以它的先进性、科学性、直观性、生动性等特点成为现代课堂教学的最佳选择。它集文字、图像、声音、动画等多种信息功能于一体，多层次、全方位地丰富了现代教学手段，创造了更有利于学生探索的开放性学习情境。因此，在英语情境教学中，教师要充分利用现代多媒体技术创设教学情境。教师在课堂上可以运用多媒体教学手段，如幻灯、投影、录像、录音等，根据教学目标创设合理的英语语言情境。这些情境通过图像、文字、声音等多种手段刺激了师生的感官，使他们可以观其形、闻其声、临其境，再现日常生活场景，传输大量的教学信息，激发他们的想象力和学习兴趣，牢牢地吸引他们的注意力，优化课堂教学效果。例如，如果学生对电影尤其是经典电影非常感兴趣，教师就可以根据教学内容的需要，选取大量的经典英文原版电影片段，尤其是经典对白在课堂教学中加以广泛运用；还可以鼓励学生对某些经典对白进行模仿表演。通过欣赏这些对白和表演，学生既可以听到纯正的美式英语，又能听到纯正的英式英语，还可以了解常用的俚语、俗语等。由于这些经典影片涉及面广、蕴含的文化信息量大，又为学生提供了直观、生动的学习情境，学生通过观影不仅可以学到英语知识，还可以更好地了解英美文化。

（3）创设英语活动情境。让学生亲自参与教学活动，能够加深他们对相关教学内容的理解，有利于提高他们的英语交际能力。教师应尽可能地创设相关的教学情境活动，让学生积极参与各式教学活动，如讨论、表演、趣味猜谜、答辩比赛、有奖抢答等。这些教学活动让学生在可见、可闻、可触、可学的情境中充分发挥多种感官的相互作用，创造性地运用所学英语知识，拓宽了学习思路，不仅能使他们有意识地使用相关英语知识，还能培养他们举一反三、灵活运用英语进行交际的能力。例如，在进行商务英语的"公司简介"这一教学内容时，笔者让学生根据各自的兴趣爱好，分组成立自己的公司，讨论公司的名称、规模、经营范围等相关内容，然后每个"公司"派出一名代表做简要的介绍，还可各组另派出一名代表充当评委，投票选出最好的公司简介。通过这样的情境创设，"公司简介"这一教学活动更具有开放性和实用性，给学生提供了更广阔的参与和思维拓展空间，激起了学生的强烈学习兴趣。课堂气氛非常热烈，有些小组还有模有样地设计了公司的商标。学生用相关英语知识来讨论自己的所闻、所见、所想、所感，不仅激发了他们的学习兴趣，还大大提高了他们的语言运用能力。

（二）英语教学情境的创设策略

（1）创设"自然"的教学情境，坚持真实性。英语教学情境的创设应该是在现实生活中可能出现的，要真实自然，使学生产生亲切感，感受到情境的感染和暗示，从而自觉地运用相关的语言知识。教师要给学生创设一个学英语、用英语的语言情境。在教室里，可以用英语办墙报、黑板报，还可以张贴英语课表和英语格言。座位的排定可为半弧形、圆形，拓宽物理空间，便于学生更好地沟通和交流。在室外可以开办"英语角"。学生在家中可强化对各种物品英语名称的识记，订阅英文报刊，多看英文电视、电影，以此强化学习英语的情境。

（2）创设"流畅"的教学情境，注意恰当性。多媒体教学虽有着无可比拟的优越性，然而并不是万能的，不能完全取代黑板和粉笔。而且，教学媒体的使用不能过于频繁，以防分散学生的注意力。教师要根据教学要求选择合适、恰当的教学手段。另外，如果教师在教学过程中不能熟练操作各种教学媒体或不能及时传递教学信息，那么会给课堂教学带来干扰，反而会产生消极影响。

（3）创设"新、趣、奇"的教学情境，注意新异性。在创设各种教学情境时，教师要考虑学生求新、好奇的心理特征，尽量提高教学情境的趣味性和新奇性，丰富教学活动，吸引学生的注意力。生动、新颖、多变、有趣的课堂教学活动可以提高学生的学习兴趣。例如，教师英语课前可以固定安排一些英语活动，如考勤汇报、对话表演、讲故事、短剧表演，这些不但能丰富课堂教学内容，还能提高学生的学习兴趣。

第五节　高校英语中介学习理论

在英语教学中，教师和学生各自的作用应该如何平衡，一直是外语教学关注的问题。费厄斯坦（Feuerstein）中介学习理论强调教师作为调解者的概念，强调教师必须赋予促使学习者进步、解决问题或进一步学习所需的知识、技能和策略，其目标在于帮助学习者成为自主学习者，掌控自己的学习，从而成为独立的思考者和问题解决者。中介学习理论的内核及其12种特征给英语教学提供了重要启示。中介学习理论视域下的英语教学基点以学生为中心，同时协调发挥教师至关重要的中介调解作用，有利于帮助学生成为自主学习者，增强了学生的可持续性英语学习能力。

一、中介学习理论概述

中介学习体验理论（The theory of mediated learning experience，MLE），亦称中介学习理论（Mediated learning experience），是以色列心理学家费厄斯坦于20世纪40年代末提出的理论，已被广泛应用于许多国家的教学实践。费厄斯坦与同事建立了国际学习潜能强化中心，在英国、加拿大、美国等国设立了45个分支机构，开展培训、研究和服务工作。

费厄斯坦认为，孩子的学习从出生开始，由孩子身边重要的成人介入调解促成。由成人提供给孩子的这些经历，称为介入式或调解式学习体验。父母和教师等选择和组织他们认为有利于孩子发展的各种经历，介入影响了孩子早期对于外界刺激的反应，通过向孩子解释哪种反应更为有益或合适鼓励孩子选择此种反应或采取此种应对。皮亚杰认为孩子在与环境的互动中按照自己的节奏自行学习；而费厄斯坦认为孩子身边重要的成人对于孩子的认知发展起关键主导作用。他并未清楚、明了地指出在父母和孩子的互动学习中孩子自身所起的作用，虽然他承认个人主体在此互动学习中的重要性。

教师作为调解者这一概念，不同于教师作为知识传播者的概念。首先，教师作为调解者，必须强调赋予促使学习者进步、解决问题或进一步学习所需的知识、技能和策略，其目标在于帮助学习者成为自主学习者，掌控自己的学习，从而成为独立的思考者和问题解决者；其次，教师作为调解者，强调介入者和学习者之间的互动关系，学习者积极参与学习过程；最后，教师作为调解者，强调师生之间的相互性，即学习者对调解者或教师的意图做出积极的回应。

费厄斯坦认为,为提供对学习者真正有教育意义的学习体验,中介学习体验教学具有12种特征,其中的3种特征适用于所有学习任务。如果教师能够帮助学习者建立起另外9种特征,那么有利于提升学习体验的重要性。①重要性:教师必须让学生意识到学习任务的重要性及其对他们的影响,以及这些学习任务具有的更宽泛的文化意义。②超出"即时即地"的长远目标:学习者必须意识到当前学习经验不仅即时即地对其具有影响,而且对其具有长远的影响。③分享达成的意图:教师呈现学习任务时,必须目的明确,且学习者能够理解和回应该意图。④胜任感:学习者认为自己有能力成功地应对任何特定的学习任务。⑤行为掌控感:学习者有能力掌控、调解自身学习和思考的行为。⑥设立目标:学习者有能力设立现实的学习目标,并能制订计划实现它。⑦面对挑战:学习者有应对挑战的内在需要,并积极寻找生活中的挑战。⑧对变化的理性认识:学习者明白人的变化发展,并能依靠自身识别或评估这些变化。⑨相信事物能够积极发展的信念:此信念是指学习者认为即使面对看起来不可解决的疑难问题,也有可能找到解决方案。⑩分享合作:学习者互相合作,认识到有些问题同伴合作更容易解决。⑪个性与独特性:帮助学习者认识到他们的个性和独特性。⑫归属感:学习者建立属于某个群体和文化的归属感。费厄斯坦认为,适用于所有学习任务的特征为前三种,即重要性、超出"即时即地"的长远目标、分享达成的意图。

二、中介学习理论视域下英语教学的原则

基于中介学习理论的上述特点,笔者总结出费厄斯坦认为的高效教学的三条原则,也是中介学习理论对英语教学的重要启示。如果教师应用中介学习理论指导英语教学,那么也要遵循该理论的三条重要原则。

首先,师生之间要建立良好的信任关系,能够进行有效的沟通和交流。教师就其选择的教学活动及其意义必须向学生阐明。学生在理解教学活动的价值后,更容易投入学习任务中。在教学实践中,确实有众多的学生由于不理解教师安排或布置的学习任务的意义,而拒绝投入努力。

其次,教学的主体是学生,学生应学会承担自己对学习的责任。教师要协助学生学会自主学习,学会思考,成为独立的思考者,能独立分析问题、判断问题、解决问题。这就要求教师在教学过程中鼓励学生通过自己的思考、分析发现问题的答案。同时,教师要教授学生学习策略,就英语教学而言,即帮助学生掌握语言学习的规律,使学生成为真正意义上的自主学习者。

最后,教师要鼓励学生之间的生生学习、合作学习,而非竞争关系。现代世界强调双赢,这就要求学校的教育要鼓励学生之间的合作而非竞争关系,生生学习也是教学强大生命力的源泉。

三、中介学习体验理论指导下的英语教学活动

1. 活动的意义

基于中介学习理论的前三种特征，英语教师选择、布置或呈现活动前，可自问以下几个问题来确保教学遵循此原则：我为什么给学生选择特定的活动？这项活动对学生具有什么个人意义及更宽泛的文化认识？我如何帮助学生意识到此项活动的意义和价值？此项学习活动如何产生意义，以至能对学生的将来也有用？我该如何帮助学生理解此意义？我怎样向学生清楚地传达任务原因和任务说明？我如何确保学生做好准备、乐意且能够尝试该学习任务？尝试回答上述问题能够帮助教师清晰、明了地选择某项学习活动的目的和意义，及对学生的意义。同时，教师要思考如何向学生传达此意义，使学生感觉到进行此活动的重要性。如果活动不能激发学生的学习兴趣和激情，那么教学就缺失了相关性和生命力。

2. 活动价值及长远的目的

从语言学习的角度讲，活动要求学生自我思考，以此增进他们对自己的理解。为达成活动的目的，教师就要向学生传达活动的价值和个人意义。

3. 胜任感

教师要向学生确保他们都能成功地完成任务，要给予他们信心。

4. 设立目标

运用设立目标，教师可衍生这样的练习：学生可以确立个人目标，比如要求自己更富有组织性、更勤奋等。

5. 变化感

为使学生感到该活动给予他们的变化，教师可以要求学生口头或书面地思考问题"我学到了什么？""我现在能做什么？"或者"我对自己了解了多少？"

6. 个性化

要想改变英语教学中的被动学习，确立以学生为主体的教学理念，使自己成为学生学习的促进者和协助者，英语教师就需要探索和提倡以学生为中心的多样化教学模式。如何平衡教学中教师和学生两大主体各自的重要作用，费厄斯坦中介学习理论给了英语教师很多启示。费厄斯坦强调教师作为学生学习的调解者，必须"授之以渔"，目的在于帮助学生成为自主学习者。中介学习理论的内核及其 12 种特征也给英语教学提供了重要启示和新的原则，如建立和谐信任的师生关系、鼓励学生自主学习、提倡生生学习的新型学习模式等，这些都有利于教师把学生培养成自主学习者，提升学生的可持续英语学习能力。

第三章 大学英语传统视听说教学模式

第一节 传统视听说教学模式和网络交互式视听说模式对比

随着互联网的发展，网络交互式教学的应用越来越广泛。为了研究大学英语传统视听说教学模式和网络交互式视听说模式的差异，笔者所在院校3个非英语专业（财务管理、会计、风景园林）的二年级学生60人作为研究对象，最终验证网络交互式英语视听说教学模式在提升学生的英语水平方面能够取得更加显著的效果，对于学生英语水平和综合素质的发展意义重大。

随着第三次工业革命的推进，互联网技术取得了突飞猛进的发展。随着"互联网+"和"大数据"时代的到来，互联网更是进入了千家万户。在教育界，互联网技术也开始进入我国大学、中学和小学课堂，对我国传统的教育模式造成了很大冲击。英语是一门非常重要的基础课程，学生的英语能力能够反映一个学生的综合素质，学生的英语视听说水平对于他们未来的工作和生活都会产生很大影响。

一、网络交互式教学的形成与发展

世界上最早把计算机技术应用于课堂教学领域的是美国的斯金纳（Skinner）教授。在对学生进行程序教学时，教师可以利用提前编制好的程序对学生的学习行为进行指导或者控制，从而让学生能够快速地掌握某项技能。程序教学理论是基于"刺激—反应—强化"模式所提出的，在教学领域引起了巨大的反响。20世纪70年代末期，美国的心理语言学家乔姆斯基（Chomsky）以及认知心理学家皮亚杰与布鲁诺（Bruno）对于程序理论进行了批判和继承，使程序理论更加适应现代化的教学要求。他们认为学生在进行课堂学习时，不应该只是简单地对课堂教学进行记录和掌握，而是应该在学习过程中对自己所学到的知识进行再加工，从而把所学到的知识变成自身的知识，形成对知识的一种新的认知。认知学派认为，学生在学习知识时一共要经历四个环节，这四个环节分别为外界环境刺激、学生主动发现、学生所接受的知识与原有的知识相互作用、学生重新构建新知识，这种理论也可以被称为建构主义理论。建构主义理论的观点是学生在学习过程中，对于知识的学习是根据自身经验来对知识进行理解的，并赋予知识一定的意义。

二、研究方法

1. 研究目的

为了研究大学英语传统视听说教学模式和网络交互式视听说模式对教学效果的影响，笔者所在院校对学生进行了视听说能力测试，对学生学习状态和教学评估进行了调查，分析并找出大学英语传统视听说教学模式和网络交互式视听说模式对学生教学效果的影响、产生的原因，以及应该采取的应对策略。

2. 研究对象

抽取了笔者所在院校三个非英语专业（财务管理、会计、风景园林）的二年级学生60人作为研究对象，从这60人中随机抽取30名学生作为传统组，其余30名学生作为网络组，对这60名学生进行问卷调查，并对他们一年之内的听力水平和口语成绩进行跟踪记录，然后对数据进行统计和分析，最后共回收数据完整的试卷和问卷60份。传统组的学生使用的教材是《大学体验英语（综合教程）》，学生在多媒体教室进行学习，教师为学生统一授课；网络组的学生使用的教材是《大学体验英语（视听说教程）》，学生全部在语音实验室进行学习，由学生自主掌握学习进度，让学生进行个性化的自主学习，教师在教学过程中主要对学生进行网络管理和面授答疑。

三、研究结果

首先对所有学生的高考入学英语成绩、分级成绩和分级听力成绩进行统计，学生的听力成绩和笔试成绩由计算机阅卷，学生的口语成绩由两位英语老师进行评分，取平均分作为学生的最终口语成绩，对学生进行的口语成绩评分分别根据学生的语音语调、词汇丰富性和准确性、语法准确性、结构完整性、流利程度、内容丰富性进行，口语成绩总分为30分。两组学生在入学时的英语考试分数、分级听力和分级口语方面的得分并无较大差别，具有可比性。

本次考试试卷由听力、阅读理解、词汇结构、完形填空四部分组成，均为客观选择题，由计算机统一阅卷。听力考试（1），即分级考试听力部分，由10个短对话和3篇短文组成，均是客观选择题。口语（1）为新生入组第9周进行的口语测试成绩，并录音。考试的内容为自我介绍和就某个话题发表看法两部分。评分标准为：语音语调5分、语法准确性5分、流利程度5分、内容丰富性5分、结构完整性5分、词汇丰富性和准确性5分，总分30分。两组学生经过一年的学习之后，对所有学生的成绩进行比较发现，网络组学生的听力成绩和口语成绩明显高于传统组的学生，这与学生的教育方式存在很大的关系。传统组的学生主要接受的是集中授课的教学模式，教师在上课时必须照顾到所有学生的学习进度，对于学生在学习过程中出现的个别问题没有办法进行一一纠正。而网络组的学生则是在语音教室进行学习，学生可以掌握自己的学习进度，对于不懂的地方可以反复学习，并可以随时向教师请教，每位学生的问题都能得到及时的解决。《大学体验英语（视听说教程）》还为学生提供了大量的跟读、听写、模仿和录音等练习，能够让学生对英语进行更加深入的学习，以促进英语视听说能力的全面提升。

听力测试（2）为两组学生一级期末考听力部分，由10个短对话和3篇短文组成，均为客观选择题。听力测试（3）在一年后的二级末进行，由四部分组成。前三部分为听写填空（Spot Dictation），其中第一部分为每空格填写一词，第二部分和第三部分为每空格填写2~5个词的短语，第四部分为正误判断。口语（2）为学生在一年后的二级期末口语考试成绩，并录音。考试的内容为听录音回答问题和就某个话题发表看法两部分。对于口语各项得分，网络组的学生的进步明显大于传统组的学生，这主要得益于网络组的学生主要是在一人一机的语音教室进行学习，能够根据课程进行多项语音和口语训练。这种教学模式锻炼了学生的语音语调、语法准确性和流利程度，有利于提高学生的综合英语口语水平。从中可以明显看出，网络交互式教学对于大学生英语口语能力的提升具有较显著的作用。

第二节　基于网络的大学英语视听说课程个性化教学模式

构建基于网络的大学英语视听说课程个性化教学模式是对传统的"以书本加大班、教师为中心"的大学英语视听说教学模式的革新，是以现代信息技术，特别是互联网技术为支撑建立的"以学生为主体，以教师为主导"的教学模式的必然要求。本节简要介绍了大学英语个性化教学的现实意义、理论依据和原则，并就如何开展大学英语视听说课堂个性化教学模式做了深入探讨，以期能为大学英语视听说课程教学实践提供切实可行的指导。

大学英语四级、六级考试中，听力理解部分所占比例由原来的20%提高到35%。传统的"以书本加大班、教师为中心"的大学英语视听说教学模式已经不能适应新的课程教学要求。对大学英语视听说教学进行改革，探索以互联网技术为支撑建立的"以学生为主体，以教师为主导"的教学模式已经势在必行。

一、大学英语视听说课程个性化教学模式的理论依据

以现代信息技术为支撑的视听说个性化教学的理论基础是建构主义，该理论注重学生的中心和主体地位，要求教师由知识的传授者转变为学生主动建构意义的帮助者、促进者、引导者和组织者，要求学生由被动接受者转变为信息加工的主体、知识意义的主动建构者。该理论提出，现代信息技术可作为建构主义学习环境下理想的认知工具。基于上述理论，

利用校园网进行大学英语视听说个性化教学具有科学性、时代性、主动性、探索性、创新性，能有效利用网络资源，充分发挥学生学习的主动性、积极性，实现个性化学习。

二、大学英语视听说课程个性化教学模式的原则

1. 以人为本

这一原则要求教师在教学过程中充分尊重学生的主体地位，教学活动以学生为中心，注重学生能力的培养和提高，尊重学生，不歧视学生，最大限度地调动每一位学生的积极性。

2. 因材施教

这一原则要求教师在深入了解学生的基础上，结合每位学生的性格特点、兴趣爱好、学习水平和能力等采取不同的教学方法，体现个性差异，促进学生自主学习能力的提升。

3. 自主与合作

这一原则要求教师在组织教学中要注重学生创新和实践能力的培养，在学生自主学习和探究的基础上，引导学生采用小组合作的形式进行合作学习，培养学生的团队精神、应用能力和自学能力，使课堂教学与开放式自主学习相结合。

三、大学英语视听说课堂个性化教学模式的构建

（一）针对学生个体差异，建立分级分层的个性化教学机制

按照学生高考英语成绩和入学水平考试的成绩，将学生分为A、B、C三个不同的级别，实施教学改革。与教育部对高等院校的英语教学要求接轨，在总课时相等的前提下，设立三个不同的教学目标：更高要求、较高要求和一般要求。A级学生本身具备良好的英语基础，他们的视听说目标可以向英语专业学生的初级水平靠拢。听的内容除了播放教材的听力光盘之外，还要补充其他音频资料；B级学生也具有一定基础，能完成基本的听力和口语练习，可以在他们听的内容中加入语速较慢的新闻片段、人物传记等；C级学生由于视听说能力稍弱，所以以教材为主。听和说是两个不可分割的语言技能。在教学中，教师要分别给学生安排听力任务，针对学生的个体差异，建立分级分层的个性化教学机制。

（二）通过课程体系和教学模式改革，实现在线教学和教师面授有机结合

为了满足不同层次学生的需要，使他们最大限度地发挥学习潜能，达到预期学习目标，高校必须改进过去"一刀切"的教学体系，建立适合个性化发展的课程体系和教学模式。在学生人数众多的情况下，只有利用计算机技术和互联网技术作为辅助手段，将学生自主上机学习和教师面授课相结合，才是实行这种课程体系和教学模式的可行途径。教师可以采用"小班授课，2~4学时学生自主学习"，即大学英语视听说教学模式，利用教材配套教学、学习软件及其网络辅助平台，完成学生自主上机学习与教师面授有机结合的过程。

教师通过校园网播放教学课件，介绍本课程的教学要求、教学进度、重点、难点以及要讨论的话题、要回答的问题。课堂上，教师可以根据内容的难度和学生的接受能力，把较为抽象、较难理解的内容变得具体化，使学生易于接受；通过教学平台对学生的提问进行个别答疑，实行个性化教学，对于普遍问题可以将其放在公共平台讨论、解决。

（三）加强学生课后拓展视听说

通过多种渠道，拓展视听说平台。

（1）层递口语练习。教师可以利用晚上或周末的空闲时间，开设不同层次的口语课供学生选择，进行针对性训练，满足不同层次学生的需求。

（2）课外泛听。教师可以利用调频电台每天定时播放难度不同的听力材料供学生选择收听，同时要求学生收听英国广播公司（BBC）、美国之音（VOA）或中国国际广播电台的英语频道新闻报道等节目两小时以上。

（3）自由口语练习。教师可以鼓励学生积极参加"英语之角"活动，与外籍教师或同学自由练习英语口语。

（4）网络学习。学生在课后根据自己的语言水平、兴趣爱好等自主选择大学英语在线课程内容、英文原版电影、英文歌曲进行学习模仿、人机对话和自主测试。

大学英语个性化教学是以学生个性化发展为核心，重视学生学习兴趣培养，注重激发学生潜能，促进学生个性和谐发展，促进学生英语综合能力提升的新型教学模式。基于网络的视听说课程克服了传统大学英语视听说课程中的一些弊端，从而能够不断提升大学英语教学质量，提高学生的视听说能力，实现师生共赢。

第三节　网络环境下大学英语视听说自主学习教学实验模式

《大学英语课程教学要求》是全国各类院校、组织非英语专业类本科英语教学的纲领性指导文件，要求："大学英语的教学目标是培养学生的英语综合应用能力，特别是视听说能力，使他们在今后的工作和社会交往中，能用英语有效地进行口头和书面的信息交流，同时增强其自主学习能力，提高综合文化素养，以适应我国社会发展和国际交流的需要。"为此，《大学英语课程教学要求》提出了具体、明确的指导方针和努力方向，"各高等学校应充分利用多媒体和网络技术，采用新的教学模式改进原来的以教师讲授为主的单一课堂教学模式。新的教学模式应以现代信息技术，特别是网络技术为支撑，使英语教学不受时间和地点的限制，朝着个性化学习、自主式学习方向发展"。

一、基于网络的英语学习方式的优势

语言学习有两种模式。模式一：在纯自然的语言学习氛围中，学生通过语言的自然接触交流，自然地学习语言的内涵和外延。模式二：在传统的语言教学环境中，学生学习语言的内容和形式。模式一是无意识渗透，模式二是有意传递。自然语言环境中的语言渗透对语言学习者的语言掌控和实际运用能力提高有很大的促进作用。因为，在纯自然环境中无意识地接触语言时，学习者更倾向于照搬并构建新的语言、思维和环境的关系，无须借助母语在其学习过程中承担中介转换的作用。这种模式会使相似的环境条件触发学习者用英语直接反应、用英语思考、用英语表达，即对英语的运用要达到运用母语的效果。英语在自然的环境和氛围中逐渐地渗透，才能够真正激发学生的学习兴趣，锻炼学生的语言能力，拓宽思维模式，深化学生的空间想象力；会使学生身心愉快，在平等自由的环境里和轻松活泼的氛围中接受并加大语言信息的输入量，真正做到对英语的掌控和熟练应用。

基于网络的英语自主学习的优势：①利用网络资源和高新技术手段，可模拟上述"自然环境"，使英语自主学习更加形象生动、富有趣味。这种角色扮演能促使学生很快融入其中，置身最佳的语言社会环境。通过听觉和视觉，加上多媒体虚拟仿真技术，学生将跨越空间与时间的距离，进入一个生动形象、地道有趣的英语语言学习环境，有利于学生对语言的接受、理解和模仿。②突出学生的主体地位，提供个性化服务，增强学生学习英语的主动性。

二、大学英语视听说网络自主学习教学模式的实践

笔者所在院校自 2010 年 4 月起实施了基于网络的大学英语视听说自主学习教学实验。实验开始时教师根据 Let Me Learn Process（让我学习过程）理论对实验班的学生进行网络自主学习系统、自主学习方法和学习策略等方面的指导和培训，并明确了教师和学生的责任和角色。本课题根据对照班和实验班的前测和后测成绩比较的实证研究，探索英语自主视听说学习的方法、策略、技巧，改革传统教学模式，从而提高教学效果。

（一）受试对象

本课题以便捷式抽样法，在笔者所在院校 2009 级学生中抽取公共管理心理学专业和公共事业管理专业 2 个本科班共 70 名学生进行视听说课程学习效果的跟踪调研对比，由 36 名学生组成公共事业管理专业作为实验班，由 34 名学生组成的公共管理心理学专业作为对照班。为保证本次调研、对比和分析的信度和效度，采用公共英语三级试卷中的听力及口语部分（满分 100 分）对实验班和对照班进行前测。前测的统计分析显示，实验班的平均分为 66.33，标准均方差为 8.32；对照班的平均分为 65.67，标准均方差为 7.28；测试成绩的检验结果未显示显著差异。因此，本次研究确定的实验班和对照班为平行班。

（二）实验组织

实验班的教学模式是以学生自主学习为主，对照班的教学模式则是以教师课堂面授为主。教师对实验班除了应用自主视听说学习软件外，还提供多种视听说素材，以满足学生的不同要求，并且针对医学院校的特点准备了多种医学英语教材和视频，利用学生熟悉的专业内容激发他们的学习兴趣和热情。学生自己掌握时间到网络学校登录局域网，进入学生自主学习课程系统进行学习。在课程中，学生将独立完成与精听语篇相关的理解或产出性主观题、客观题，根据要求复述部分听力内容并模仿录音，在完成预设学习环节之后进入下一阶段的内容。在教学过程中，学生可主动参考答案反馈、音频资料、文字材料和相关的语言文化背景，随时进入课程管理个人档案，随时了解自己的学习进度和成绩，通过提交问题至"交流"栏目与教师或同学交流。教师每周固定进行辅导、答疑，组织学生开展与课程内容相关的以口语为主题的课堂活动。

对照班视听说教材是《新视野大学英语视听说教程》，主要由教师集中面授进行教学。授课模式为分级制，即一主机掌控数分机，主机由教师控制，学生一人一分机。教学方式为教师把握课堂上的学习时间、进度和内容。教师在课上引导学生统一听，做教程训练内容，检查习题答案，解释教材内容所涉及的重点、难点和语言文化背景，组织口语活动等。学生在课后可以通过教程提供的资源进一步研听教材重点内容，完成听力自测训练内容。

（三）实验评估

在实验期间，共进行了两次纸质问卷和多次网络评估。通过调查发现，与传统教学方式相比，英语自主学习优势明显。学生中64%认为自主学习比传统的听力课好，可以培养和锻炼自学、自立的能力；71%的学生对英语的认同感增强，从被动学英语到开始感兴趣或越来越喜欢；22%的学生认为没有变化；少于7%的学生认为对英语的兴趣下降，宁愿坐在教室里听教师授课。参与实验的学生认为，听力视频能够促进学生的英语学习，因为听力视频可听可看，有真实感，能够帮助他们直观理解；而跟读录音可以帮助他们纠正发音，提高口语水平。84%的学生经过自主学习后，觉得在英语听力、口语（语音、语调）等方面都有了提高和改善，在词汇和知识面方面也略有进步。

（四）实验测试

本课题采用准实验式方法研究，运用交叉调查手段收集和详细记录抽样对象的数据，定量与定性相结合，采用SPSS14.0软件分析调研结果，分析和对比在大学英语视听说教学过程中，学生在以教师面授为主和以在网络环境下自主学习为主这两种教学模式中的学习效果。

1. 测试数据

经过约一年的实验，在后测中同样运用公共英语三级试题的听力和口语部分进行测试（满分100分），取得如下数据：实验班的平均分为75.66，标准均方差为10.16；对照班平均分为67.88，标准均方差为8.35；测试成绩的检验结果显示两组成绩存在着显著差异。

2. 实验结论

大学英语视听说自主学习模式能够逐渐培养学生的学习兴趣，能够快速提高非英语专业学生的听力水平和口语表达能力。学生的英语基础很重要，但学习模式的正确选择才是提高学生英语学习成绩的关键。

实践证明，该模式在教师指导和约束的前提下，有助于促进学生英语学习的自主性，有利于提高学生的视听说学习成绩。该模式将互联网技术与大学英语教学相结合，不仅突出了"以学生为中心"的教学思想，促进了学生的个性化发展，使学生的个人潜力得到最大挖掘，同时也给教师提供了新的教学手段。

第四节　网络资源辅助大学英语视听说教学模式

本节主要探讨利用网络资源辅助大学英语视听说教学的总体思路以及课堂教学的具体实施步骤，指出合理利用网络资源辅助大学英语的视听说教学，不仅可以帮助学生建立和加强对英语学习的兴趣，还可以培养和加强学生的自主学习能力，提高学习效率。

随着现代科技的发展，网络已经深入大学生日常生活的方方面面，各种数码产品（如手机、计算机等）在大学生的生活中得到了广泛使用。

我国大学英语视听说教学存在费时、低效的问题。有学生反映学习兴趣不高、效率低。顺应互联网时代的发展，合理、有效地利用网络资源辅助大学英语视听说教学，可以建造真实的英语语言学习和使用环境，提高学生的学习兴趣和效率。

一、影响大学生听力和口语能力提高的因素分析

（一）缺乏学习和使用英语的机会

学生在日常生活中接触和使用英语的机会有限，多数学生除了有限的课堂学习外，很少有机会接触和使用英语。即使在有限的课堂教学时间内，由于班级人数多，教学任务紧，每个学生能得到的视听说练习的机会也是有限的。

语言学习和使用环境的缺乏，使得学生并不能真实地体会英语的用途和重要性，学习的主动性和兴趣不高，很难坚持学下去。

（二）语音、语调不够清楚

由于语音、语调不够清楚和准确，导致学生在用英语交流时，很难与对方进行有效沟通和交流，因此缺乏使用英语进行交流的兴趣和信心。

（三）语言和文化习俗的差异

英语的产生和使用与其赖以生存的历史文化背景和社会环境息息相关。英语有其固有

的、约定俗成的、被人们普遍接受和认可的表达方式和习惯用语。如果学生对语言反映的社会和历史文化背景信息不熟悉、不了解，就很容易出现认识每个词汇，却不明白句子和文章整体含义的状况。

（四）传统大学英语视听说的教学设计不够合理

在目前的课堂教学体系下，大学英语视听说教学训练主要以应对考试为目的，所使用的练习材料多根据考试需要进行设计和选择，不够真实和生活化。学生缺乏在真实交际环境中学习和使用英语的训练，视听说能力难以得到提高。

二、网络资源辅助大学英语视听说教学模式设计

（一）课前网络资源的搜集和介绍

李萌涛[①]认为，语言学习应该采用立体输入的方式。教师在课堂教学中采用图、文、声、像等立体语言输入方式，可以使教学形象化、多样化、生动化，能够突出重点、提高学生的学习兴趣和记忆力。

（1）教师在课前根据单元主题，建议或指定学生搜集相关内容资源并学习。例如，在学习"网络爱情"这一主题时，教师可要求学生在课前观看《电子情缘》等相关电影，并做好在课堂上针对已看电影发表自己看法和观点的准备。

教师也可以向学生提供课文的相关音视频材料，并提出重点观看内容和相关讨论题目；要求学生在掌握课文重点词汇和表达方式的基础上，观看音视频材料，同时注意观察和标注自己在教师所给音视频中的使用情况，并加以模仿和学习。

（2）教师利用互联网搜集或推荐与学生专业相关的英文音频和视频，学生将其作为课后学习材料进行学习。李迟、谢小苑[②]认为对学生学习和生活影响度比较高的学习材料更能激发学习者的主观能动性和学习兴趣。

如在大学英语视听说教学中针对所教的餐饮管理专业的学生，为其推荐了网易公开课中的《保罗教你做面包》等系列餐饮教学节目。通过课余观看和课堂分享讨论，学生不仅学到了与其专业相关的知识，而且英语使用能力和视听说能力也得到了较大提高。同时，由于与其所学专业有关，学生的学习兴趣也比较高。

黄慧、陈兢[③]的研究表明，只有在真实的语言环境中学习，学生对语言的使用和把握才会完整和有意义。

英文影视片可以从不同角度鲜明且直接地反映和表达以英语为母语的国家对英语语言在不同阶层、职业、场景和社会背景下的使用和把握。学生观看英文影视作品就是对所学语言

---

① 李萌涛.多媒体投影英语课堂教学初探[J].外语界，2001（3）：64-68.
② 李迟，谢小苑.大学英语网络教学模式构建研究——以南京航空航天大学外国语学院为例[J].外语电化教学，2013（1）：76-80.
③ 黄慧，陈兢.多媒体网络英语教学的新发展——与建构主义的整合[J].江西师范大学学报（哲学社会科学版），2011（3）：132-136.

的使用和练习。在充满乐趣的观看中，学生不仅可以观察和学习所学词汇和表达方式的地道、标准使用方式和场景，也可以对英语文化习俗和表达方式进行理解和记忆。

（3）教师可以建立班级和小组的交流微信群，为学生提供使用英语进行交流和分享的机会。小组长负责课前和课后的分组学习和讨论。小组讨论要注意组员间的互相学习和协作，并把每名学生都融入英语小组的学习和讨论中，发挥个人的积极性和主动性。

（二）课堂教学组织

1.学生课堂的汇报讨论

课堂汇报讨论是对学生语言使用能力的培养和检测。蒋苏琴[①]指出，行为只有在真实的语言环境中才能成功实施，并且实现说话人的意向目的。

由教师从每组学生中任意抽取一名学生代表本组做资料搜集和话题讨论的汇报和展示，完成后组织其他学生就汇报内容进行提问和讨论。

教师要对学生课前小组讨论提出明确的目标和要求，并指定专人负责实施。在课堂小组讨论中，教师应密切关注各组讨论情况，在必要时给学生以具体的指导和帮助。

课堂练习应注重语言交际目标的实现，而不是纠结于学生语言使用的细枝末节。当学生在课堂讨论发言中出现语法和语言使用错误时，如果任课教师或其他学生直接打断，当场指出其所犯的错误，则不仅达不到教学效果，还会对学生的英语学习和参与课堂讨论的兴趣和积极性产生影响。

2.教师的总结讲解

首先，学生讨论、发表完对给定学习任务的认识和见解后，任课教师应当场对学生的语言掌握情况和课堂表现给予鼓励性评价，以期强化和加强学生学习英语的兴趣和信心。

其次，教师可以指出学生在课堂练习中出现的有代表性的错误，并做出规范使用的示范和讲解。

最后，教师应该带领学生归纳和总结本单元的重要词汇、表达方式及其在课文和相关音视频中的使用情况；同时，对学生所使用的音视频材料和课文中所体现的文化背景知识做出提示和说明。

（三）课后学习

1.语音语调的不断学习与提高

语音语调的学习和掌握，对有效地使用英语进行口语交流是必不可少的。学生在课后不断听并模仿自己感兴趣或教师提供的课文相关音频、视频材料，可以弥补缺乏与以英语为母语者进行英语交流的不足。这样不仅可以提高和维持学生的英语学习兴趣，还可以改善和提高语音语调水平。

一些英语应用软件可以有效地帮助学生在提高英语学习兴趣性的同时改善语音、语调。

2.学生英语兴趣的维持与提高

学生使用微信除了进行图文交流信息外，还可以与多人同时在线交流、沟通，因此在

---

① 蒋苏琴.二语习得中的预制语块研究[M].北京：北京理工大学出版社，2013.

大学生中得到广泛使用。微信群等即时通信交流工具，使教师和学生以及学生相互间的学习和交流变得更加方便、及时。教师可利用网络组织、建立课程学习交流群组，并发布与教学相关的音频和视频资料，学生可以在其中与大家交流观点和看法，推荐与课程学习目标相一致的学习资源。学生可以采取匿名的方式加入课程学习交流群，避免了面对面交流的尴尬和不自信。

教师可使用 Skype 等即时通信工具，邀请以英语为母语者来到课堂与学生进行在线交流，并就学生感兴趣的问题做出解答，提高学生对英语学习的兴趣以及使用英语进行交流的信心。教师要鼓励学生课后利用网络即时通信工具与以英语为母语者进行交流，获得真实的语言使用体验。

3. 教师在课后的教学反思

教师在课后要及时分析学生和自己在课堂上的表现和影响因素，定期检查学生课外音频和视频的资源观看和使用情况，并通过反馈信息及时调整教学内容、方式和进度。

合理利用网络资源辅助大学英语视听说教学既符合语言习得规律，又顺应时代发展潮流，并能有效地提高学生英语视听说的兴趣和效率。

只有在教师的精心准备和选择下，在与教师的课堂教学合理、有效的结合下，网络资源才能更好地服务于大学英语视听说教学。

第五节　大学英语视听说"课堂+网络"教学模式

随着社会经济的发展，英语作为一个主要的学习和交流手段正发挥着越来越重要的作用。《大学英语课程教学要求》提出促进学生个性化学习方法的形成和学生自主学习能力的发展，同时还要充分利用多媒体、网络技术，采用新的教学模式改进原来的以教师讲授为主的单一课堂教学模式。然而，大多数学生的英语视听说能力依然停留在"哑巴英语"的水平上。笔者对所在院校非英语专业大学生的调查结果显示：85%的学生对当前的大学英语视听说课教学模式不满意，认为大学英语的课堂教学模式单一，缺乏活力；89%的学生认为自己的听力能力和口语能力最为薄弱；92%的学生希望多媒体环境下的网络教学能够提供丰富的视听说资源。对视听说教学模式的改革势在必行。然而，如何有效运用多媒体环境下的网络教学方法，同时，紧密结合教学的实际来提高课堂教学效果和效率，从而更好地适应当前对英语人才的需求，已经成为摆在教师面前的重要课题。

一、网络教学的特点及对课堂教学进行完善、补充

网络教学模式是英语教学改革的一个正确方向，英语教师应充分利用课堂教学与网络教学的互补作用，提出较完善的两者有机结合的教学模式。该教学模式以课堂教学为主，

以网络教学为辅；以纸质教材为主，网络学习资源辅助纸质教材；教学以学生为中心，发挥学生主动学习的因素，从而做好学生与网络、学生与教材、学生与学生、学生与教师之间的互动。相对于传统的课堂语言教学，网络教学有三大主要的特点，能充分发挥计算机网络教学的优势，使大学英语视听说教学突破传统课堂教学的局限，朝着个性化、多样化、主动式学习的方向发展。

（一）网络教学可以充分体现教学的个性化

"因材施教"一直是语言教学当中很重要的原则之一，即对学生学习的个性化需求做出针对性教学。教师可以针对学生的英语视听说的实际情况，充分调动其学习的主观能动性，并鼓励学生在在线进行英语视听说课程的学习。同时，教师可以设置一个教学模块并编制相应的教学课件，这样学生就可以根据自己的学习进度进行自主学习。

（二）网络教学可以充分体现教学的多样化

网络使教学资源变得多样化，它充分利用图、文、声、像结合的媒体信息，如各种动态的视频、课件、图片等资料，取代了传统的静态的课本教材，从而让学生受到多维感知刺激，为学生兴趣的形成和发展提供了推动力。同时，网络教学中的互动形式也变得多样化：教师与学生的互动、学生与学生的互动、教师与课程和教材的互动、学生与课程和教材的互动等。

（三）网络教学可以充分体现教学的主动化

多媒体技术使得以"学"为中心的过程变得丰富生动，充分考虑了学生在语言学习过程中的主体作用，使学生的学习从单纯的接受式学习转变为主动式、兴趣式学习，提高了学生的应用能力，增加了学生学习英语的时间。同时，多媒体能够很容易地建立与学习主题相关的情景，使学生在真实的语言环境下，充分感觉语言的刺激，使语言学习情景化、交际化。因此，学生可以采取多种方式参与到学习中去，打破教师在课堂上"一言堂"的格局，极大地提高了学习者的学习兴趣。

二、"课堂 + 网络"视听说课教学

该教学模式通过有效利用多媒体技术，使课堂教学与开放式视听说自主学习相结合，第一课堂传统教学与第二课堂的网络视听说教学相结合、教师的辅导答疑与学生的网络视听说自主学习相结合，能使学生的学习环境变得丰富多样，充分利用文字、图像、音频、视频等信息，创造出一个图文并茂、绘声绘色、轻松愉快的视听说教学和学习情景。它所带来的多重感官刺激，能充分调动学生学习的积极性和主动性，建立以学为主的教学模式，有利于培养学生的语言交际能力，大大丰富和完善了教学内容，开阔了教学视野，使学生的学习时间和师生交流的时间得以延长、空间得以扩大，使学习途径得以增多。

（一）学生学习方式的改变

在课前，教师要为学生设立网络自主学习中心，并安排自主学习的内容。这样有利于学生在学习平台上自主开展视听说训练，同时学生与学生、学生与教师之间可以自由地进行互动学习，使学生的积极性得到提高，听力和口语方面的技巧也得到了锻炼。在网络自主视听说学习过程中，学生之间可以互相监督学习情况，还可以探讨在学习过程中遇到的问题和语言文化知识。在网络自主视听说学习之后，教师还应进行面授课堂教学，以便检查学生的自主学习情况，同时解决学生遇到的英语视听说方面的问题。

高校可以在计算机中心建立一个英语学习中心，配备一系列符合学生实际的听力和口语水平的教学软件资料来进行科学、合理的教学。同时，由于大学英语课时有限，单凭几节有限的课堂视听说课进行教学显然是不够的，因此，必须实现课内与课外相结合。对此，教师可以基于学生课后学习的特点和需求，充分利用校园网络来自主开发英语在线学习系统，可以将系统分为新闻英语、英语沙龙、名师主讲、在线辅导和网络考场等板块。学生可以轻松地通过此中心的校园网络，利用多媒体软件选择适合自己水平和兴趣的学习内容，不断提高自己的视听说水平。例如，一些学生可以充分利用多媒体教学软件，通过多种方式进行视听说训练，包括语音语调练习、复述、回答问题、人机对话与交流信息等。学生还可以根据自己的进度来自由安排学习时间。高校通过建立学生英语学习中心，能够为学生创造一种轻松、自由、真实的语言交际环境，从而使学生能全方位地感受语言的刺激，在情景化的教学、交际化的语言学习中掌握语言知识、培养语言表达能力。

相比传统的视听说课堂，在"课堂+网络"视听说课教学中，教师所扮演的角色有了更丰富的内涵。新的视听说课教学需要对师生之间、学生之间的互动进行更合理的设计。教师除了要适当根据学生的实际来应用计算机和互联网辅助课堂教学任务外，教师的角色和作用还包括：在课堂上，成为视听说教学环节与活动的组织者、引导者；成为学生视听说学习策略与学习方法的传授者；成为学生英语学习积极性的调动与激励者；成为学生听力、口语水平的评估者和促进者等。总之，新的教学模式对教师的素质提出了更高的要求。

（二）构建合理的教学评价体系

建立一套过程性评价与终结性评价相结合的大学英语视听说评估体系是非常重要的。其中，过程性评价主要关注学生学习的过程，有助于全面、整体性地评价学生，包括在线视听说自学记录、课堂内外活动记录、调查问卷和访谈等形式；终结性评估一般以每四周的口语和听力测试的方式进行，可采用"听后复述""看图表述""人机交流""自我介绍""模拟情景对话""人际交流"等方式。此外，还应建立多主体评估模式，包括学生自我评估、学生间的互评、教师对学生的评估、学生对教师的评估、管理部门对学生的评估等，从而使评价体系更科学化、全面化、合理化。

对大学英语教学进行改革一直是教育界探索的重要话题。除了对教材的改革，教学方法和手段的更新也应该跟上时代的发展趋势。大学英语的"课堂面授+网络自主"视听说课教学模式的创建与完善还需要不断地实践，需要充分发挥多媒体技术的优势，激活课本，创造丰富、真实的在线环境教学，从而最大限度地调动学生的英语听、说的积极性和激发学生的学习热情，从而改变学生对英语视听说学习的态度。同时，教师也应该不断学习，不断转变传统的教学观念，由传统的"讲授者"角色转变为"引导者""监督者""评估者"角色。此外，高校也应该加大对于多媒体技术应用于教学领域的投入，为学生提供良好的视听说课堂教学环境和课后学习环境，推动大学英语视听说教学的发展和改革。

第六节 现代信息技术依托下的大学英语视听说实验教学模式

英语学习不同于其他学科的学习，它具有很强的实践性，这就要求学生把语言输入和语言输出有机结合起来，从而更好地掌握语言。英语教学拥有两大目标：一是使学生获取使用语言进行交流的交际能力；二是让学生学会独立自主地学习。随着大学英语教学改革的深入，现代信息技术更广泛地应用于大学英语教学，推动改革向纵深发展。然而必须看到这样的现状：当前大学英语理论学时普遍减少，实践学时增加，学生自主学习模式单一，缺乏有效监控、耗时低效；各种学习平台和课件虽然提供了大量跟读、角色扮演、讨论等口语练习形式，但缺乏多层次的评价环节；学生在多次练习后，很快产生厌倦感，学习主动性受挫，学生主动学习的效果受到质疑。鉴于此，将实验教学的理念引入大学英语教学，无疑是探索使学生真正成为学习主体的有效途径。

一、理论基础

学术界对研究性学习主要有以下两种观点：

第一种观点，有学者认为其是一门课程，学生通过此课程可以掌握研究方法，更重要的是训练学生形成研究性的学习方式。

第二种观点，有学者认为其是一种方法，是一种不同于"填鸭式"的自我探究式学习方法。

目前，杜威的建构主义心理学和布鲁纳（Bruner）的发现说为学术界普遍接受。他们认为，研究性学习是一种新型开放式教学和学习方式，以学生为中心，以学生的自主学习为方式，发掘学生的探求、钻研、发现过程，目标在于培养学生的学习能力。

实验教学法是指学生在教师的指导下，使用一定的设备和材料，通过控制条件的操作过程，引起实验对象的某些变化，并从观察这些变化中获取新知识或验证知识的教学方法。实验法使学生将书本知识与一定的直接知识联系起来，可以培养他们的实验操作能力、独立探索能力和科学研究兴趣。

大学英语实验教学就是借鉴实验教学法,以建构主义理论为基础,结合形成性评估(Formative Assessment)理论与建构主义教学设计(Constructivist Instructional Design),教学设计上运用"以教师为主导、以学生为主体"的双主模式及类型训练法(Pattern Drills)和词块(chunks)教学法,旨在充分发挥传统课堂教学优势的同时,对大学英语课程进行创新性的教学设计,为学生提供语言学习和实践的真实环境。通过实验教学法发现,大学英语教学的语言教学和学习不仅仅局限于课堂上,还延伸到课外,学生由此获得了大量实际操练的机会,自主学习更富有成效,真正成为学习的主体。

二、研究内容

本研究希望通过河南牧业经济学院目前的网络信息资源,如学校的在线学习平台、学生的在线学习空间、学校引进的朗文交互英语学习系统、大学英语学习的微信公众号,以及诸多英语学习网站,如普特英语学习网、大耳朵英语听力网、沪江英语学习网、英国广播公司在线学习等,以学校非英语专业本科生为研究对象,把入学成绩差不多的两个班级划分为两个组别,通过运用对照组,进行为期半年左右的学习。学习结束后,采取多样的考核方式,探析互联网信息的运用对于学生英语学习的不同影响,以此来界定现代信息技术对于学生学习成绩、学习能力、主动性和积极性提高的影响。

本研究结合河南牧业经济学院的在线教学平台和教学资源,依托交互英语系统,研究现代信息技术的应用对于大学生英语视听说能力的影响。实验过程大致如下:

首先,选取符合本教学实验要求的实验学生,对他们进行相关技术方面的培训。

其次,根据教学目标,安排对照组别的学生分别从事相关的在线学习、互动,同时进行传统意义的英语学习,对两组学生的学习结果进行考核,并记录学习结果。

最后,对实验结果进行分类汇总。

三、研究方法

本研究选取的学生来自河南牧业经济学院2016级新入学的学生,实验组和对照组的学生均来自同一个系,保证他们拥有相同的学习背景。同时,他们的英语程度也相差不大。本实验随机选取8个系别中的16个班级,分别组成实验组和对照组。主要采取如下研究方法:

(1)实验法:对不同学习环境中的学生采取不同的实验方法。

(2)调查问卷法:同时选取不同组别的学生,向他们发放调查问卷,调查不同的学习方式对提高他们的视听说能力的帮助程度。

(3)人物采访法:选取不同的具有代表性的学生,通过访谈方式了解他们进行视听说学习的学习策略、提出问题和解决问题的能力。

四、研究思路

本研究采用的大学英语实验教学研究方法以《大学英语课程教学要求》为指导，以研究性学习、建构主义理论和形成性评价为理论基础，旨在充分利用现代信息技术教育手段，创新大学英语视听说课程教学方法，探究学生自主学习和形成性评价的多种模式。本研究采用的现代信息技术教学模式设计力求体现以下特色。

（1）营造实验活动引导下学生的自主学习环境。该教学模式主要针对大学英语视听说课程教学，以上海外语教育出版社出版的《大学英语视听说教程》和《朗文交互英语》为基础，设置4个级别，共72个单元，内容由浅入深、由低级到高级，从不同层面、不同角度对非英语专业本科生的大学英语视听说学习进行探究。实验活动涉及多种类型，不仅适合个体学习，同时适合双人合作学习和小组合作式学习。教师可以在学生自主学习的基础上进行远程监控，对他们的学习效果进行监督指导，同时对他们的疑难问题进行答疑解惑。

（2）语言输入与语言输出并重。该教学模式为学生提供了丰富的学习内容和资源，极为注重学生语言输入能力的培养。同时，这种以实验活动为主的在线自主学习模式，能够有效地促使学生进行语言输出，实现对语言输出的高效管理。在此教学模式中，学生能有效地进行视听说训练。他们撰写的文档、录制的音频等会被记录，方便他们进行随时查看，同时方便教师进行线上和线下指导。因此，该教学模式形成了"语言输入—语言输出—语言输入"的良性健康循环，解决了学生开口难的问题。

（3）形成性评价和终结性评价的结合。该教学模式注重形成性评价和终结性评价的结合，注重实现评价主体、评价形式和评价标准的多样化。该教学模式拥有多维度的评价指标，评价形式为自评、互评和师评三种，可以对文本、视频和音频等多种类型的学习方式进行评价。学生可以通过平台了解自己及他人的学习情况，及时发现自身优势和不足；教师可以及时进行相关指导，及时解答学生在学习过程中遇到的问题并进行个性反馈。该教学模式实现了师生之间、生生之间的交流互动和评价反馈，真正做到形成性评价与终结性评价的结合。

五、研究成果及意义

2016年12月，研究人员为了调查学生对于该学习模式的满意度、态度和学习成果，通过课堂实验、调查问卷和人物采访等方式收集了相关数据，之后对收集到的数据进行分析，探讨本学习模式的效果。

首先，研究者在历时3个月的系统学习过程中，对实验组和对照组的学生进行数据收集和整理分析，对课堂中的形成性评价及时分析整理。在实验结束时，采取终结性评价进行评价。结果显示，在实验组班级中，学生的听力和口语能力普遍明显提高，尤其是口语方面进步更明显。当听到一段相同的对话后，学生能更完整地捕捉相关信息，转述能力明显优于对照组学生。同时，他们在与同学、教师的交谈中更自如。在相对封闭的语言学习环境中，他们见到外国人后也不再显得局促、语无伦次，而是能与外国人进行简单的交流，并能清楚表达自己的意思。

其次，研究者在792名完整参与16周在线自主学习的学生中随机选取200名学生，针对平台的使用效果进行问卷调查。调查问卷从学习模式的有用性、易用性、使用满意度、评价有效性和后续使用意愿5个维度进行。问卷项目采用李克特量表（Likert scale），五分为最高值，表示完全符合；一分为最低值，表示完全不符合。该实验共发放问卷200份，收回有效问卷193份。

依据相关学者的观点，该问卷维度划分合理，具有良好的结构效度，测量结果的可信度也较高。结果显示，学生对于该学习模式的有用性和使用满意度评价较高，基本赞同学习模式平台的后续使用，说明该学习模式总体设计比较成功，用户体验效果良好。

最后，研究者对使用该学习模式的学生进行了采访，采访内容主要围绕该学习模式的优点和不足展开。采访结果显示，学生对于该学习模式给予了较高评价，认为平台界面简单、方便易用，是学习的良好帮手和有用工具，在该学习模式下学习能有效提高口语水平。同时，平台中的师生互评和生生互评也能清晰地展示自己学习的优势和不足。另外，使用该学习模式也极大地提高了小组协作能力，增强了师生之间、学生之间的情谊。

在采访中，学生也提到了平台的不足，主要集中于平台的评价功能亟待改进：

（1）评价标准需要不断改善，要更加客观地反映学生的实际学习情况。

（2）完善平台的相应功能，保证师生均能参与对学习效果的评价。

现代信息技术依托下的大学英语视听说自主学习模式是教育信息化的产物。本研究旨在通过对大学英语视听说实验教学的研究，使大学英语课堂真正实现"以教师为主导，以学生为主体"的教学目标，充分发挥现代信息技术在促进英语教学方面的优势，从而使学生的大学英语学习真正从课堂内延伸到课堂外，充分发挥学生英语学习的自主性，最大限度地实现英语学科的实践性目标。通过本研究，希望学生可以在现代信息技术的帮助下提高英语学习能力。受条件限制，结果也许不尽完美，希望研究结果能对学校甚至其他高校的信息化英语教学提供一定的帮助。

第七节　基于网络平台的大学英语视听说教学模式

信息技术的迅猛发展推动了英语教学的改革，多媒体技术在英语教学中的运用已经成为现代教学的一大特点。《大学英语课程教学要求》中明确指出"大学英语教学是以英语语言知识与运用技能、学习策略和跨文化交际为主要内容"；同时还指出"新的教学模式应以现代信息技术，特别是网络技术为支撑，使英语的教与学可以在一定程度上不受时间和地点的限制，朝着个性化和自主学习的方向发展"。笔者在教学实践中发现，利用多媒体技术，以建构理论为指导，采用主题任务型教学模式开展英语视听说课程的教学，一方面能活跃课堂气氛，激发学生开口用英语表达的自信心和积极性，另一方面还能加深学生对英语国家的政治、经济、社会和文化的认识和了解，从而提高学生的听力理解和口语表达能力。

一、建构主义学习理论和主题任务型教学法

网络背景下的英语教学提倡建构主义教学观。建构主义学习理论是认知理论的一个重要分支，最早是由瑞士心理学家皮亚杰在20世纪60年代提出的。建构主义理论强调情景、协作、会话、意义建构四大要素和交互的学习环境，认为知识是主动建构活动的结果，是每一位认知者在交互、合作、协作学习的过程中主动建构的。学习者只有借助社会性交互作用，利用必要的学习资料，才能积极、有效地建构知识，重组原有的知识结构。因此，学习不是简单的教师向学生传递知识的过程，而是学习者在一定的情景即社会文化背景下，借助其他人，利用必要的学习资源，通过意义建构的方式而获得知识的过程。

主题任务型教学法是指以学生为主体，把主题教学法融入具体的任务中，选取与学生的学习和生活密切相关的最佳语言样本，同时向学生提供大量的、相互有关系的、符合认知需求的语言材料。也就是说，学生的学习不局限于课堂，而是在教师的指导下，学生利用互联网查资料、读文献、做调查，再回到课堂做陈述，有机地把输入知识有效地输出，充分运用所学的语言知识，做到交际活动与语言学习相结合，从而培养学生在真实环境下运用英语的能力，体现"以学生为中心"的教学理念。

二、以网络平台为基础的主题任务型教学法在视听说课程中的运用

以网络平台为基础的视听说教学是一种与建构主义理论以及建构主义学习环境相适应的教学模式。在该教学模式下，学生由知识的被动接受者和灌输对象转变为认知的主体和知识意义的主动构建者，而教师则由知识的传授者变为学生主动建构意义的指导者、促进者、咨询者和合作者，师生关系出现了民主化的趋势。优质快捷的信息资源、教学组织形式的多样性和师生间的交互协作关系都有助于教师创设学习情境，发挥学生在学习中的主动性，最大限度地满足学生学习的个性需求，从而优化英语教学效果，最终达到使学生有效地实现对所学知识的意义建构的目的。采用主题任务型教学模式时，教师应根据每一单元的教学内容确定一个有趣且有利于任务完成的主题，提炼主体词汇，让学生利用主体词汇完成任务。在实际教学中，教师应把握学生的特点，围绕主题，选好素材，做好教学设计，并重新定位自己在教学中所扮演的角色，采用灵活的评价方式，全方位引导学生，帮

助学生有效地建构知识体系。

（一）把握学生特点，围绕主题，选好素材，做好教学设计

建构主义理论认为学生是学习的主体，学生的学习是知识、内容和能力的建构，而且建构过程是以已有的知识结构作为基础的，学生一切新的学习在某种程度上都是利用以前的学习。但是，由于学生可能不一定具备某一特定领域的所有知识，知识的建构过程会有一定的难度，这时就需要借助他人。此时，教师就应成为建构的帮助者和促进者，引导学生完成知识的建构。在教学中，教学任务的设计和实施十分重要。

在实际教学中，教师首先要在主题任务的选择、教学环节的设计上把握学生的特点。在每个新单元开始前有针对性地选出趣味性较强、让学生感兴趣的主题，使学生有交际的愿望和兴趣；给学生提供与主题相关的关键词，分配任务，让学生在课下查阅相关资料和文献，围绕主题做好相关准备。在学生准备过程中，教师可利用网络平台及时监督，指导学生分类总结相关话题的常用词汇，督促学生搜集相关资料，以此培养学生的自主学习能力。在课堂上，教师将学生按照不同层次搭配成学习小组，针对主题进行小组讨论，让学生在轻松、愉快、合作的协作环境中相互学习、互相促进。讨论结束后，教师可以让学生以小组的形式做口头陈述，有效地将输入和输出，同时运用学生评价、教师点评等形式对学生的表现进行及时、恰如其分的评价和提出改进意见。

其次，教师需要根据教学单元主题为学生主动建构知识创造必要的环境。教师在教学中不难发现学生语言学习的一大障碍是缺乏真实的语言环境。因此，教师需要充分利用网络环境为学生创设和模拟真实的学习环境。在网络环境下，教学资源、学习交流过程的开放性为学生创造了良好的交际环境。教师可以通过互联网将各种信息真实、及时地展现给学生，以此创设优良的学习情景，让学生在潜移默化中接受知识，从而提高教学的实效性。

最后，建构主义强调学习过程中语境的真实性，主张"有意义的学习"。因此，教师在围绕主题选材时，要考虑资料的真实性、趣味性和多样性，给学生提供图文并茂、声像结合的多媒体资料，帮助学生进行知识的建构；还应考虑所选材料要有一定的文化输入，让学生了解目的语国家相关的语言文化背景知识，注重培养学生的跨文化交际能力和语言综合运用能力。

（二）重新定位，扮演好教学角色

教师应明确自己所扮演的角色。在教学中，教师首先应是学生学习的引导者、指导者和合作者，引导学生利用互联网进行学习。在网络环境下，新型教学模式有别于传统的教学模式。学生知识的来源不再局限于教师和教材，学生还可以通过互联网获得优质、快捷的英语信息资源。此时，教师需要引导学生了解基于网络平台的学习特点、学习手段，指导学生运用网络资源进行相关资料的收集，科学、合理地选择课程资源，进行自主学习。其次，教师还应是学生学习的解惑者和辅导者。通过分析主题，教师可以了解学生的实际知识水平和学识特点，清晰地把握教学的重点和难点，针对性地进行辅导和解答。最后，

教师还需当好主题任务的设计者以及教学各环节的参与者和监督者。教师首先根据教学需求选择主题，然后根据学生的特点进行合理的分工，精心安排教学内容，并参与指导、监控整个教学过程，通过多种形式的实践活动让学生掌握与主题相关的专业知识，开阔学生的视野。

（三）灵活、多元的评价模式

建构主义理论认为知识的建构与学习过程密切相关，学习者必须通过自我监控、自我测试、自我反思等活动审视建构过程，以便更好地根据自己的要求和不断变化的情况修改和改进已定策略，从而达到自己设置的学习目的。建构主义教学评价的重点在于知识获得的过程，"立足过程，促进发展"是其评价思想的主要体现。在网络教学评价过程中，要注重形成性评价。形成性评价强调形成性的作用和发展的功能，强调以学生为评价的主体，让学生在形成性评价过程中看到自己进步的过程，感受自己的每一点进步，其作用在于教学，而不是对学生的学习情况做简单的好坏之分，其目的是通过形式多样的评价方法和手段，让每名学生的个性和素质都得到提高，从而促进学生的全面发展。

因此，在实际的教学中，教师需要制定适于网络教学评价的评估指数和要求，通过自评、互评和教师评价几方面对学生进行评价。互联网所具有的开放性、即时性和多样性等特点，一方面便于教师对学生的学习过程进行观察、监督和评价，为教师提供了学生学习的动态信息反馈，让教师对学生在平时学习过程中的表现、所取得的成绩，以及反映出来的情感、态度等方面做出评价。另一方面，网络平台便于学生查找与教学主题相关的材料，参与教学活动的主题讨论，自主选择学习内容、方式，控制学习过程，自行评定学习行为，有效地对学习方法、学习态度等方面及时调整，进一步激发学生学习的信心。

笔者在新学期开始时，就利用网络平台建立学生个人发展评估表，让学生在期末时对照自己的学习计划，检查和评估完成情况；同时成立小组，让小组成员进行互评。教师一方面可通过网络平台对学生的学习任务完成情况进行监督，另一方面可根据学生的主题任务活动的参与度、课堂表现等进行评价。

将以建构理论为指导、网络平台为基础的主题任务型教学模式运用到视听说课程中，教师把握学生的特点，围绕主题选好素材，做好教学设计，清晰定位自己在教学中所扮演的角色，全方位引导学生，并采用灵活、多元的评价模式，根据所设定的教学目标分段、经常性地对学生的学习活动和行为进行评估，让学生重视并享受学习的过程，提高学生学习的自主性和积极性，从而提高学生的听力理解和口语表达能力，并实现英语教学与互联网的有机结合。

第四章 大学英语视听说教学模式创新

第一节 "仿说"的大学英语视听说教学模式创新

随着我国社会经济的发展与国际交往的日益频繁,对于大学生英语实际应用能力的要求逐渐提高,使得交际能力成为英语教学的重要目标之一。在我国高校中,非英语专业学生的视听说表达能力相对于读、写等方面普遍显得较为薄弱,在实际语言应用场合中,经常出现"不会说、不愿意说、说不好"的问题,因此探索加强学生口语表达能力的教学新途径已成为英语视听说课程的重点和发展方向。"仿说"作为一种新型视听说教学模式,既能帮助学生提高英语交际能力,又能使学生掌握交际功能所必需的语言形式,紧密契合了基于建构主义的学习理论以及二语习得过程中的基本规律。本节拟围绕"仿说"模式的理论基础以及实际应用展开分析和探讨。

一、"仿说"教学模式的形成

在传统的大学英语视听说教学模式下,教师一般采用自上而下的教学方法,往往表现为"以教师为中心"。例如,教师播放音频材料,学生按照题目做练习,之后教师会对照文本讲解内容核对练习答案,最后再次播放录音巩固教学内容。另一种较普遍的教学方式是教师在课堂上播放大量英文影视片段,学生如果对影视剧情产生兴趣,就能够增加对英语对话的理解程度,从而达到提高视听说能力的目的。

通过评估与反馈可以发现,上述传统视听说教学模式存在一些问题。该教学模式会使学生在整个听力过程处于被动的接收状态,精神紧张焦虑,长此以往就会影响学生学习的积极性。该模式会让听力实践蜕变为听力测试,学生也会因此把听力技能与练习的正确率相等价,误以为正确率高就是听力技能强,这不利于学生英语实际应用能力的培养。该教学模式还会把视听说课变成了影视欣赏课,学生很有兴趣欣赏电影,可是他们的注意力大多集中在电影的中文字幕和情节发展上。如果教师没有对影片中出现的语言和文化难点进行讲解,那么学生所得到的有效的语言输入很低,也不利于语言信息的输出,最终造成难说的局面。由此可见,传统的视听说课教学模式往往以注重"听"为主,而缺乏对"说"的培养。教师要改变这种现状,就必须在教学模式上有新的尝试,探索新的教学模式,扬长避短，真正培养学生的"视听说"能力。

"仿说"教学模式则是改变"听多说少，视听说脱节"的有效途径。"仿说"是指"'有指导的'（guided）说话。教师先给定一段示范对话，让学生掌握表达某种交际功能以及表达一定题材所必需的语言形式，进而要求学生模仿示范对话中的用语，组织运用相关信息进行表达"。这里所说的相关信息可分为两类：一类是与说话者本人或说话情境有关的真实信息（real communication），可称为真实交际；另一类是教材提供的假想信息，为模拟交际（simulated communication）。这样的仿说学习方式可以使学生逐步建立用英语说话的信心，发展学生用英语自由表达思想的能力，从而可以提高学生说地道且得体的英语的能力。

"仿说"模式强调的是由教师引导，由学生有效参与的、有目的的主动学习过程。这种突出以学习者为中心的模式契合了建构主义学习理论（Constructivism Learning Theory）以及第二语言习得（Second Language Acquisition，简称SLA）中的基本理念。

二、"仿说"模式下的建构主义学习背景

建构主义学习观点认为学习是获取知识的过程，而知识不是通过教师传授的，而是学生在一定的情境即社会文化背景下，借助其他人（包括教师和学习伙伴），利用必要的学习资料，通过意义建构的方式获得的。建构主义学习理论强调"情境""协作""会话""意义建构"四个主要因素在学习中的作用。建构主义学习理论认为，语言学习环境中的"情境"实际上就是教师为学生创造的语言交际活动的较真实的场景和相应的交流活动，目的是使学生在这样的环境下和语言活动中完成意义建构。仿说教学模式通过听力的形式给出一段对话进行示范，让学生掌握表达某种交际功能以及表达一定主题所必需的语言形式，通过模仿示范而组织运用相关信息进行表达。这当中不论是真实的还是虚拟的信息，都与建构主义的"情境"符合，为学生提供了交际情境，使学生能在不同的情境中学习语言、应用语言。

仿说教学模式所指的"有指导的"说话，主要是指教师在整个学习过程中要起到主导者的作用，根据教学内容和进度引导学生进行语言活动，同时通过给学生必要的示范促进学生知识的构建。建构主义学习环境的基础是交流和协助。学生会对教师给予的示范进行分析，在课堂上提出问题，并运用示范的语言形式主动投入到情境中。建构主义学习环境四大要素之一的"协作"发生在学习过程的始终。而在仿说的过程中，学生之间通过会话商讨示范内容，完成学习任务，这就是一个"协作"和"会话"的过程。"会话"是协作过程中不可缺少的环节，又是达到"意义构建"的重要手段之一。仿说教学的最终目标也就是学习者的"意义建构"。仿说的教学模式遵循了建构主义的原则，强调学生的能动性和参与性。该模式符合建构主义学习理论所提倡的在教师指导下的，以学习者为中心的学习。也就是说，既强调学生的认知主体作用，又不忽视教师的指导作用。教师是意义建构

的帮助者、促进者，而不是知识的传授者、灌输者。学生是信息加工的主体，是意义的主动建构者，而不是外部刺激的被动接受者和被灌输的对象。

三、"仿说"模式中的第二语言习得理念

美国语言学家克拉申在20世纪80年代提出了著名的第二语言习得模式——"监察模式"，包括五大假说，即习得与学习假说、自然顺序假说、监控假说、输入假说和情感过滤假说。其中，他认为输入假说回答了怎样习得语言的问题。他认为单纯主张语料输入是不够的，学习者需要"可理解输入"（comprehensible input），"可理解输入"是语言习得的必要条件。同时，他把"可理解输入"定义为学习者听到或读到的可以理解的语言材料，这些材料的难度应该稍微高于学习者目前已经掌握的语言知识。他特别强调，只有那些用于交际和寻求信息的语言才能作为语言习得的输入。以语言习得为目的的语言输入必须是可以理解的输入，不可理解的输入对语言习得是没有意义的。在仿说的课堂教学过程中，教师会指导性说话，给定一段示范对话，让学生掌握表达某种交际功能以及表达一定题材所必需的语言形式。这种会话式的语言输入主要针对学生，教师指导并帮助学生接受尽可能多的可理解的语言材料，而学生作为参与会话的一方，理解并对语言输入做出反应。这种方式适合学生获得有意义的输入，也有助于学生第二语言的习得。

为了充分发挥习得的作用，大学英语教师应积极鼓励学生多到运用英语的场合中去，勇于开口。这就需要学习者把语言输入转变成为语言的输出。语言输出是指那些具有交际目的语言的输出。换句话说，语言输出是学习者生成表达某种意义的语言。语言输出的前提是语言的输入，而要有效地达到语言的输出就必须对语言输入进行巩固。语言材料的巩固是一个反复刺激、不断加深的过程。在仿说教学模式中，学生往往通过模仿来掌握表达某种交际功能以及表达一定主题所必需的语言形式。当然，模仿练习总是与重复紧密相连。重复的目的主要是牢记并且积累某一主题所必需的语言形式，提高流利程度，培养英语语感。模仿需要不断地重复，但这并不是单纯的反复，重复的是内容。学生只有在重复中才会发现不足，引起对自身语言问题的注意，然后更正、自我修订，从而流利、准确地运用所必需的语言形式达到模仿的最终目标，把模仿的内容变成自己的东西，脱口而出，这样才能最终提高学生的语言交际能力。

四、"仿说"教学模式在英语视听说课的具体运用

根据《大学英语教学大纲》对学生英语视听说能力不同层次的分级要求和笔者所在院校2011级的大学英语教学计划，B级起点的学生的英语视听说水平应达到较高要求，而C级起点的学生应该达到一般要求，即在听力技能方面，能听懂题材熟悉、结构不太复杂的篇幅较长的会话、谈话、报道和讲座等英语广播和电视节目；在说的能力方面，能就教材内容和一般听力材料进行问答和讨论，能就一般社会生活话题进行交谈、谈论，表达思

想,语音、语调基本正确。为了达到教学要求,教师尝试把"仿说"教学模式引入视听说课,希望切实提高学生的英语听力理解能力和一定的开口说英语的能力。

笔者所在院校视听说课采用的教材是上海外语教育出版社的《新世纪大学英语视听说教程》。该教材的多媒体视听语言材料全部采用World link中的原版素材,保证了语言的原汁原味和规范地道,同时题材和体裁多样化,并具有真实性和趣味性,能让学生感到所学的语言贴近自己的学习和生活,有现实感和现代感,能满足当前和未来的交际需要。该教材每册共8个单元,每个单元都有一个题材,环绕一定的交际功能展开。每个单元分为Lesson A(单元A)和Lesson B(单元B)两部分。Lesson A有四节,每一节下有若干课堂交际活动;Lesson B是录像片段。本节以《新世纪大学英语视听说教程3》第一单元"Let's Go Somewhere!"(让我们去个地方吧!)Lesson A为案例,进行"仿说"模式的课堂教学设计。

(一)基本词汇"输入"与"输出"

该教材的第一单元Lesson A "Before You Go"(在走之前)的基本词汇给出了与"临行之前要做的事情"的短语词组,如pay the bills(付账单)、unplug any electrical items(拔下所有电器的插头)、turn off the lights(关灯)等。首先词组搭配是巩固该单元主题和交际功能必需的词语,也就是表达交际功能的语言手段。这种语块结构具有一定的生成性,能成批地生成若干同类短语,提供大量的"语言输入",为"语言输出""开口说"提供了基础。为了更好地学习运用语言手段,教师可以根据教材提供的不同场景图片,要求学生运用语块看图说话进行"语言输出"来表达思想。

(二)听的练习与说的练习相结合

学生会听一段真实的听力材料,关于旅行之前的准备"While we're away, could you…"(当我们离开时,你……),为减少学生理解的困难,内容涉及的专有名词、背景知识都会放到Language Notes(语言注释)和Culture Link(文化链接)里并做出解释,使学生融入第二语言习得的真实语境中。关于旅行之前的准备相关的语块知识,更是为第二语言习得提供了大量"可理解的输入",也为"说"提供了大量的信息。再接下去的"说"的练习中,教材提供表达某一交际功能所必需的语言手段,放在黄色方框中,标题为Useful Expressions(习惯用语),如本单元出现的"I forgot my bus pass. I don't remember turning off the lights."(我忘了带车票。我忘了关灯。)等,其中大部分是预构成语块,学生必须熟练掌握,最好能够熟练背诵。学生要根据示范对话进行仿说练习。同时,教师还要提供练习用的信息,使学生能够模仿对话中的用语、相关的信息用英语说话。

(三)交际练习

语言的本质特征之一就是交互性。要想达到有效的交际目的,就要培养说的能力("语言输出""产出能力"),要由浅入深、循序渐进。学生可以先学习样本对话和范文,然后进行仿说,再逐步过渡到运用已经掌握的语言表达手段。在完成前面两项的视听说练习之后，为了加强说的能力，教材又将相关内容深入拓展，给出几个不同情景，要求学生通过两人对话、小组活动、角色扮演等完成所要求的交际功能，达到规定的交际目的。例如，本单元设计了有关"独自一人旅游""野外露营所需用品""三天自助游手册"等情景，让学生在更加真实的情境中进行口语交流。同时，教材配套了相关内容的听力补充材料。

在对相关理论背景认识和分析的基础上，"仿说"模式已经被逐渐应用于非英语专业视听说课的实践当中，反映良好，激发了学生对于视听说能力培养的兴趣。特别是学生以小组为单位主动积极参与讨论、分析"仿说"的话题，在提高视听说语言能力的同时亦能提高学习的自主性。虽然"仿说"能力尚不能完全等同于自由表达的能力，但它已足以使学生建立起用英语表达、沟通的信心。教师还需要对"仿说"的教学实践过程进行进一步探索，在评估反馈的基础上不断改进教学方法。

第二节　建构主义理论下的大学英语视听说教学模式创新

教育部 2007 年颁发的《大学英语课程教学要求》中明确提出"大学英语的教学目标是培养学生的英语综合应用能力，特别是视听说能力，使他们在今后工作和社会交往中能用英语有效地进行口头和书面的信息交流，同时增强其自主学习能力，提高综合文化素养，以适应我国社会发展和国际交流的需要"。传统的大学英语教学忽视了培养学生视听说的交际能力，"聋人英语""哑巴英语"一直以来制约了大学英语的改革和发展，不利于激发学生学习英语的兴趣，也不能提高学生的英语应用能力。因此，大学英语教学应将重点落在培养学生英语学习尤其是视听说方面的能力上，教师在与学生互动的过程中如何采用多样性的教学方法至关重要。教师基于建构主义学习理论，培养学生英语自主学习能力成为提高学生英语视听说能力的一个重要的途径。

一、建构主义理论研究

1966 年瑞士心理学家让·皮亚杰提出建构主义观点，他认为认识是一种以主体已有知识和经验为基础的主动建构。建构主义教学观是对传统教学观的批判和发展，认为学习不仅受外界因素的影响，最主要的是受学习者本身的认知方式、学习动机、情感、价值观等的影响，而这些因素却恰恰被传统教学观所忽略。在大学英语学习中，许多学生学习英语花费大量的时间，甚至超过其专业知识的学习，但收效甚微。从建构主义教学观和学习观看，学生在某种程度上违背了语言学习的规律，在自主学习、情景交流和互动上存在认识上的误区。在教学中，教师应将建构主义部分理论应用于学生英语视听说能力的培养，使学生学会自主性学习、探究性学习、创造性学习，从而提高学生视听说能力。

建构主义的学习观认为：第一，每个学习者都是多元化的建构，建构对事物产生的意义也是不同的。第二，学习是一个建构过程，学习者主动、有选择地知觉外在信息，而不是被动地接受外在信息。第三，这种建构过程是双向的：一方面，先前知识只是在被利用时才被提取的，而不是从记忆里提取的，是从具体实例的变异上重新建构的；另一方面，学习者通过使用先前知识来建构当前事物的意义，以超越所给的信息。

在英语视听说教学中，口语练习大多是为练习而练习的，练习成了机械地操练或文章的背诵，而很难在课后实现互助和讨论了。学生通过积极、主动的英语学习进行语言构建，而不是靠死记硬背的方式；在自然的互动中，师生之间和学生之间主动进行语言交流，而不是教师的填鸭式讲授；语言学习的全过程就是通过交流对学习的语言进行积累和检验。而在多元化、积极学习以及双向性的学习观的建构主义下，英语都能统一到自主学习和交流上来。大学英语教学中的书面与口头的互动交流就是对学生的英语综合能力进行要求。这也是学生积极主动建构的开始，就需要学生与教师相互沟通，这样就会有较好的语言学习效果。

二、探索建构主义理论在大学视听说教学中的应用

首先，将建构主义应用于英语视听说情景教学。建构主义学习理论认为"情境""协作""会话""意义建构"是学习环境中的四大要素。然而，大多数学生的英语学习都基于个人单独的听、说等，而不是在一定的情景中交流、协作，使得英语学习过程完全违背了建构主义学习理论的学习观，也违背了人对语言的认知规律。建构主义的情景学习观认为：在知识观上，建构主义强调知识的动态性，知识并不是对现实世界的绝对正确的表征，也并不是放之各种情景皆准的教条；在学习观上，建构主义与以往的学习理论相比，一个突出特色是从"去情景"的学习到"情景化"的学习。

其次，情景中的语言交流与传统教学中的口语活动的区别。真实环境下的语言互动与传统教学中的口语活动有着本质区别。传统教学中的口语课堂大多仅限于一些机械的操练、模仿、替换练习等，是受到严格控制的口语活动，而实际生活中的沟通是语言、文化、交流策略等的互动，更能有助于学生的语言习得。建构主义认为，学习环境是学习者在其中可以自由探索和自主学习的场所，学生在此环境中可以充分利用各种工具和信息资源（如文字材料、音像资料、多媒体课件以及互联网上的信息等）来达到自己的学习目标。

总之，建构主义强调个体从自身经验出发对事物进行主观理解和意义建构，重视学习过程，强调对认知能力的培养，反对现成知识的简单传授。教师应为学生创造真实的口语情境，让学生在合作学习的环境中主动建构知识。在口语教学过程中，教师应提出适当的问题以引起学生的思考和讨论，启发和诱导学生自己纠正片面的错误认识，帮助、鼓励、督促学生在平时加强语言输入、积累语言知识、打好扎实的语言功底，让学生学以致用。

第三节　语类理论指导下的大学英语视听说教学模式创新

《大学英语课程教学要求》明确指出"大学英语是以外语教学理论为指导，以英语语言知识与应用技能、跨文化交际和学习策略为主要内容，并集多种教学模式和教学手段为一体的教学体系。大学英语的教学目标是培养学生的英语综合应用能力，特别是视听说能力，使他们在今后学习、工作和社会交往中能用英语有效地进行交际，同时增强其自主学习能力，提高综合文化素养，以适应我国社会发展和国际交流的需要。"其教学目标主要包括：①大学英语要以英语教学理论为指导。②强调多种教学模式和教学手段的结合。③特别强调视听说能力的培养。④强调学生自主学习能力的培养。大学英语教学面临着前所未有的挑战。《大学英语课程教学要求》颁布后，大学英语教材纷纷据此进行了修订，加大了视听说教程内容的修订力度，特别是口语教学内容。以《大学英语》教材为例，教材由原来的《大学英语·听力教程》修订为《大学英语·视听说教程（第三版）》，大幅度增加了口语课程的内容。同时，各高校纷纷建立网络自主学习中心，以满足个性化教学的需要，教学硬件得到了发展。与此同时，英语教学法也纷纷做了相应调整。探索适应新时期的"集多种教学模式和教学手段为一体的教学体系"是英语教学面临的新课题。本节尝试从系统功能语言学的语类理论角度出发，探索和构建大学英语视听说教学新模式，并具体探讨如何根据新的教学目标和要求来设计大学英语视听说教学。

一、系统功能语言学的教育思想与语类理论

语言学对语言教学的影响已成为共识。英国当代语言学家韩礼德（Halliday）认为，他创建和发展系统功能语言学的初衷是"教育性的"。实践证明，阶和范畴语法和系统功能语法曾经对英语教学产生了深远的影响，直接或间接地激发了许多教学理论和教学方法的产生，如交际教学法、特殊用途英语教学法、体裁教学法等。在韩礼德的语言教学思想中，他认为英语教学最好的模式应该是综合性的以发展学生的"意义潜势"为主的模式。

语言学对教学的贡献是它为教学提供了语言描述。在语言描述方面，系统功能语言学将语言看作一个系统、一种资源、一种意义潜势。说话者的语言交际过程就是不断从语言系统中进行选择的过程。成功的语言交际需要考虑语言阐述的环境，要与语言的文化语境和情景语境结合起来，选择适合语境和交际目的的语言。系统功能语言学的教育观认为，语言学习的总体目标是发展学生的"意义潜势"。具体来说，就是要发展学生在特定语境中选择恰当的语言形式表达意义的能力。根据这样的学习目标，语言教学目标可以进行网络化构建，语类教学目标是其中重要的教学目标之一。

语类理论是系统功能语言学的重要组成部分。语类和语域是语类理论的两个重要概

念。哈桑（Hasan）将语类定义为语篇的类型。马丁（Martin）则认为语类是"一个有步骤的、有目标指向的社会过程"。韩礼德认为语域是构建语篇意义的三个情景变量，这三个变量是语篇的话语范围、话语基调和话语方式。韩礼德和哈桑将语类和语域看作同一个层次，都属于意义层，是一个意义构型（semantic configuration），与语境构型对应。马丁将语类和语域视为两个层次，语类与文化语境相关，语域与情景语境相关。语类和语域同是社会符号系统，都由语言来体现。具体地说，语类由语域来体现，语域由语言来体现。语域从语言元功能的视角审视语境、反映语域三变量是如何被选择的；而语类则是一种解释：语类超越任何一种元功能，从文化语境的视角整体讨论并解释某一语类语篇的交际目标和生成的动因，同时语类结构也成为体现语篇语义连贯的重要条件。以马丁的语类理论发展起来的写作教学模式影响很大，有效地指导了设计课堂写作教学程序。马丁的写作教学模式包括四个阶段：建立场知识、把语篇模式化、共同创作语篇和独立创作语篇。建立场知识指的是构建与主题相关的各方面的文化和社会语境知识。语篇模式化指的是语篇的语类结构分析。共同创造语篇指的是教师帮助学生建立一个与语类样本相类似的语篇。独立创作语篇指的是学生独立完成语篇写作。在语篇分析环节，马丁提出了"观念形态—语类—语域—语言"分析模式，强调多层面的语篇分析，包括文化语境、情景语境和词汇语法。在语类和语域分析方面，马丁的分析模式更适合书面语篇，特别是文学语篇，哈桑提出的语类结构潜势理论则更适合用来分析比较固定的、程式化的应用类型语篇，包括口语语篇。语类结构潜势理论认为语类结构潜势包括必要成分、可选成分和重复成分，语类是由必要成分及其顺序决定的。

在过去一段时间内，系统功能语言学派语类理论指导下的体裁教学法被广泛运用在以英语写作教学中，取得了令人瞩目的成果。但是，基于语类的教学法应用在英语视听说教学中仍不多见。母语的视听说学习在机构教育里的重要性不如阅读和写作，但是视听说技能在外语教学中的地位不容忽视。因此，语类理论在英语视听说教学中的教学指导作用应该受到足够关注。

二、语类理论指导下的视听说教学模式的构建

听力和口语是方向不同的两种语言活动：听力是输入性语言活动，是解码过程；口语是输出性语言活动，是编码过程。视听说是双向的语言交流过程，关系紧密。无论是语言输入还是语言输出都应该重视语言发生的环境，如果能对实现交际目的的语篇从文化语境、情景语境和词汇语法的选择等方面进行有意识的学习，则会大大提高学生对语篇交际的预测能力，从而有效地提高学习效率和质量。本节将根据这一教学理念探讨新教学模式的构建、具体的课堂设计以及新教学模式的优势和劣势等。

（一）教材编写

《大学英语·视听说教程（第三版）》以话题为单元，单元内的语篇同属于一个话题，

每个单元设 A、B、C、D 四个部分，Part A（部分 A）是听力微技能训练，Part B（部分 B）是听力语篇训练，Part C（部分 C）是口语训练，Part D（部分 D）是课外听力训练。教学内容围绕一个主题进行编写，体现了很强的语类教学理念。《大学英语·视听说教程（第三版）》在修订宗旨中提道：一是进一步提高学生在语篇水平上的听力理解能力。二是逐步培养学生单句和成段说话的能力。以上这两点表明该教材的教学目标强调语篇层面的教学，体现了语篇教学理念。教材修订后的最大特点是 Part C 口语训练部分增加了主题交际功能（communicative function）的教学说明，同时提供进行主题对话的模板（model）和典型语言表达形式，清晰地展示出某一语类语篇结构中的各种成分和相应的词汇语法表达，为学生各种口语训练提供了丰富的素材。例如，第二册中的第二单元 Telephoning（电话），在 Part C 口语训练部分，打电话经常出现的情景以及相关典型的语言形式在教材里详细地列出来，这些情景包括 Answering the Phone（接电话），Introducing Yourself and Asking to Speak to Someone（自我介绍并要求与某人交谈），Asking Who Is on the Phone（询问谁在打电话），How to Reply If the Call Is for Someone Else（如果呼叫的是其他人，那么如何应答），Leaving or Taking a Message（留言），Closing a Call（结束通话），Wrong Number（错误的号码）等，并提供具体的语言表达形式，为学习和掌握视听说语篇提供了丰富的教学资源，便于教师和学生进行模仿和练习，对培养学生的"意义潜势"具有重要意义。

（二）教学模式的构建

"从教学模式的角度讲，不同的教学目标对教学模式有很大影响，可以引起不同的教学模式。"[①] 由于教学目标和教材的修订，本研究尝试将视听说教学构建为"课堂教学＋（网络）自主学习"模式。在这一教学模式中，运用语类理论指导课堂教学符合新教学要求中的"获得学习策略指导"要求，（网络）自主学习模式符合学生"个性化学习方法的形成和学生自主学习能力的发展要求"。本节将就课堂教学和（网络）自主学习两方面进行教学讨论。

（三）课堂教学及具体操作

根据教材的编写框架和参照基于语类理论指导下读写课的课堂设计，本节将视听说课堂教学设计为 4 个环节：语类知识构建、听力语篇输入、口语语篇输出和课后拓展学习。这一课堂教学模式的特点是以说带听，以听促说，视听说并举，相辅相成。

本节选取《大学英语·视听说教程（第三版）》第三册第九单元作为教学案例进行分析，这一单元的主题是 Jobs（工作岗位），重点学习 Job Interview（工作面试）语类。

教学环节 1：语类知识构建。通过 Part A 微型技能训练（Micro-listening）引出教学主题，构建相关语类知识。在微型听力活动后，根据话题让学生对 Job Interview 这一语言事件的发展过程进行预测，教师可以通过提出的一系列问题来引导学生展开对 Job Interview 语类结构的讨论，这些问题涉及实际做事的步骤和构建该语类的相关话语知识。例如，教师可

---

① 张德禄，苗兴伟，李学宁. 功能语言学与外语教学 [M]. 北京：外语教学与研究出版社，2005.

以向学生进行启发性的提问：Who might start the conversation？（由谁开始的对话？）How to start the conversation？（如何开始对话？）How to respond？（如何响应？）What are the frenqently asked questions asked interviews？（面试中经常被问到的问题是什么？）How do you answer these questions？（如何回答这些问题？）让学生进行结对子或组成小组讨论，然后在课堂上进行展示，使学生对该语类形成一个初步认识。这样的方式可以培养学生在听力过程中对语篇的预测能力。

教学环节2：听力语篇输入。通过教学环节1的讨论，学生在大脑中初步形成Job Interview这一言语事件的语类知识，这样的语类知识可以大大提高学生对语篇的预期，减轻学生在听力过程中的焦虑感。通过教学环节1的铺垫，学生进行Part B中对话的听力活动。在进行听力活动前，教师可以让学生根据教学环节1中讨论的语类结构在听力过程中记录下相关信息。在学生听完对话后，教师再根据语篇的内容提问：Who is Paula Chandler？（谁是宝拉·钱德勒？）Who is Mark Mason？（谁是马克·梅森？）Where does Paula come from？（宝拉来自哪里？）Where did Paula get her bachelor's degree？（宝拉在哪里获得了学士学位？）Where did she get her master's degree？（她在哪里获得硕士学位？）Where did Paula work before？（宝拉之前在哪里工作？）How long did she work in that company？（她在公司工作了多久？）How many foreign languages can Paula speak？（宝拉能说几国外语？）通过这些信息的交流，学生可以基本了解听力语篇中Job Interview的程序和涉及的信息，然后再做对话后的练习一和练习二。练习二是一个信息填补练习，这个练习对整个言语事件发生的过程和涉及的主要信息做了总结。学生可以通过练习了解Job Interview中所包含的信息：Name(姓名)，Nationality(国籍)，Place of birth(出生地)，Educational background(教育背景)，Job to apply for(工作经历)，Language ability(语言能力)，Work experience(工作经验)。这样的练习可以帮助学生加深对Job Interview语类结构的认识。这样的教学环节体现了英语视听说相互促进的关系，"说"可以激活学生原有的图式知识，"听"可以吸收和丰富原有的语言知识，为用说来表达思想打下基础。

教学环节3：口语语篇输出。以往的口语教学往往是教师给出一个口语话题，然后让学生通过结对子或组成小组进行对话。由于缺乏针对性的辅导和可借鉴的口语材料，学生在口语活动中往往不知所措，常常出现无话可说或不知如何表达的局面。最后口语课就成为一些学生的母语聊天课。出现这种局面与教材的编写和课堂教学的设计有很大关系。从学习语言的环境和教学方法来看，外语学习者在学习中要受到两方面的制约：一是在学习另一种语言时要表达自己所不熟悉的意义，但对表达各种不同意义的语法手段却掌握得很少；二是用一种结构来表达多种本来不用这个结构表达的意义。这就说明，在以往的教学中，学生之所以常常出现言不达意的尴尬局面，是因为学生所接触的语言表达形式不够丰富，对某一话题涉及的内容了解不够，对如何在某一语境下选择恰当的语言形式缺乏了解。要改变这种局面需要在涉及语篇的文化语境、情景语境和词汇语法形式等方面的学习上下功夫。

《大学英语·视听说教程（第三版）》每个单元的 Part C 部分都会根据主题提供一个口语模板（model），这一口语模板为学生进行口语训练提供了参考。这一教学环节可以从两个层面进行，一是根据口语模板语篇进行口语朗读对话练习，二是进行创造性的口语练习。第一层面主要在课堂上进行，第二层面的练习可以放在课后进行拓展学习。在口语模板朗读学习环节，通过朗读对话，教师可以指导学生开展语类分析，根据马丁"观念形态—语类—语域—语言"的分析模式，可以采用由上至下（top-down）的方式进行语篇分析。

首先，进行语类结构的分析。在口语模板语篇中，教师可以引导学生运用结构潜势理论对构成语篇的必要成分、可选成分以及这些成分出现的顺序等进行讨论，使学生对整个言语事件有一个程式化的认识，以此培养和增强学生的语类意识。以口语模板语篇为例，让学生以对子的形式进行对话练习，然后讨论 Job Interview 对话的整个过程，分析和归纳这一对话交流的信息点。通过讨论和总结，教师帮助学生总结 Job Interview 事件的语类结构。口语模板语篇主要由以下成分构成：greeting（致意）—self-introduction（自我介绍）—reasons for job application（申请工作的原因）—qualifications for the job（工作资格）—interviewee's job experience（受访者的工作经历）—closing（结语）。然后，教师可以将这一语篇和教学环节 2 中的听力语篇进行对比，归纳总结 Job Interview 的必要成分和可选成分以及它们出现的顺序，总结发现 greeting, self-introduciton, qualificaiton, job experience, closing 是 Job Interview 的必选成分，这也是它们通常出现的顺序。接着，教师可以引导学生进一步讨论 Job Interview 中的可选成分。例如，面试者可以询问应聘者的兴趣爱好、特长、强项，应聘者也可以询问招聘单位的福利、薪水等信息。

其次，进行语域分析。教师的任务是通过语域分析加强学生对语篇特征的了解，分析主要从语域的三个变量进行。在话语范围方面，需要让学生认识到语篇的交际目的是 Job Interview，面试者需要通过面试来了解应聘者是否符合招聘需要，语篇的话语范围主要是关于应聘者的个人信息。在话语基调方面，需要让学生认识到面试者和应聘者之间的社会关系，面试者是信息询问者，应聘者是信息提供者，因此，对话呈现的是一问一答的形式。面试者通过询问信息来选择应聘者，面试者在应聘者面前具有权威性，因此，在面试过程中，面试者处于强势，应聘者处于弱势。在话语方式方面，语篇属于正式的口语对话语篇。以上这三个变量制约着语篇语言形式的选择。

最后，进行语言分析。在学习语言表达方面，教师可以帮助学生归纳总结这一语类涉及的核心词汇，如 interview（面试），interviewer（面试者），interviewee（应聘者），apply for（求职），bachelor's degree（学士学位），master's degree（硕士学位），personality（气质），strengths（优势），hobby（爱好），work experience（工作能力），a cheerful（阳光的人）/outgoing personality（性格外向），a high sense of responsibilities（高度的责任感）等。同时，学生要认识到面试语篇的最大特点是语篇以问答的形式进行。该教材对一些表达句式还提供了多种选择。例如，在表达 Why do you think we should give you the job?（你为什么觉得我们会给你这份工作？）这一语义时，说话者也可以选择 What do you think you would bring to the job？（你认为你会给这份工作带来什么？）要适当引导学生学习如何在某一语境下选择恰当的语言表达形式，以此提升学生的语言表达能力。

学生通过以上一系列学习可以进一步完整地学习和掌握 Job Interview 事件的结构特征以及实现这些结构所选择的相应语言形式，这样的学习具有目标明确、针对性强和有章可循的特点，可以大大提升学生开展口语活动的信心。

教学环节 4：课后拓展学习。通过基于语类理论的语类分析和视听说实践，在课外学习中，学生可以有目的地进行拓展学习。在听力学习方面，教师可以安排学生根据课堂基于语类理论的学习方式自学 Part D 部分的内容，使学生接触更多相同主题的语篇。同时，在一些配备有网络自主学习中心的学校，教师可以让学生通过互联网和各种英语学习软件进行相关主题的学习。通过反复进行同一语类的语篇学习，学生对某主题听力语篇的预测能力会得到很大提高。在口语学习方面，教师可以根据教材中的口语练习安排学生模仿口语模板做课后的口语作业。通过充分利用语类理论、主题对话模板和相关语言资源，学生可以轻松地创作口语语篇，使口语语篇真正能言之有物。

不管是对于听力技能还是口语技能的学习，教师始终应该强调学生要有意识地运用语类理论指导学习，注意关注语篇的语类结构特点，学习和积累相关话题的语言表达形式，不断加深对视听说语篇结构和语言形式的理解和掌握，以此提高视听说能力。

（四）教学模式的优势与不足

基于语类理论构建的视听说教学模式有其独特的优势，主要体现在：①理论指导性强，教学模式具有可操作性。②视听说并举，相互促进。③利于调动和培养学生的学习主动性和合作精神。④利于培养学生的自主学习能力。⑤满足学生个性化学习，激发学生主动思考和建立学习理念和学习方法，培养良好的学习习惯。当然，基于语类理论的视听说教学模式只是视听说教学方法中可供选择的一种，适用于主题性强的语篇教学。在视听说教材中也会出现一些话题功能性不强、语类结构松散和话题内容随意性较大的语篇，从语类的角度很难把握这类语篇的结构和内容，因此，基于语类理论的教学法不适合指导这样的教学任务。

本节基于系统功能语言学的语类理论，以《大学英语·视听说教程（第三版）》为例，探讨了大学英语视听说教学新模式的可行性，希望给新形势下视听说教学提供一种教学参考。"从教学方法上讲，由于学生的学习需要、学习方法和学习风格各异，教师在教学中需要运用适合于各种需要的教学方法，而不是局限于一种方法，或者寻找一种最好的方法。"[1] 正是基于这一教学思想，本研究构建了基于语类理论的视听说教学新模式，目的是通过这样的教学方法使学生从语言的语篇和功能出发，了解和掌握视听说言语事件的过程、结构要素以及需要运用的词汇语法资源，了解在特定语境中特定社团人员如何程式化地实现社会功能和交际目的，从而获得运用英语从事社会活动的能力。

---

[1] 张德禄，苗兴伟，李学宁. 功能语言学与外语教学 [M]. 北京：外语教学与研究出版社，2005.

第四节 大学英语视听说课程混合式教学模式创新

在当今教育信息化迅速发展的时代背景下，我国的高等教育正在经历一场系统性变革。教育信息化极大地提升了教育资源的供给服务水平，促进了优质资源的及时开放与共享，为我国高等院校的教育教学改革带来了崭新的契机和挑战。本节将分析教育信息化时代背景对大学英语视听说课程教学产生的影响，讨论线上与线下混合式教学模式的优势，并对混合式教学模式在大学英语视听说教学中的应用进行探讨和研究。

2017年1月，教育部颁布了《2017年教育信息化工作要点》，明确提出构建"网络化、数字化、个性化、终身化"的教育体系，充分发挥教育信息化对教育现代化的支撑和引领作用，建设"人人皆学、处处能学、时时可学"的学习型社会。教育信息化极大地提升了资源供给服务，促进了优秀资源的开放共享，在为高等院校教育教学改革提供新契机的同时也带来了问题与挑战。作为一门高等教育必修基础课，大学英语听力课程面临着同样的问题和挑战。教育信息化为大学英语视听说课程改革带来了哪些契机？大学英语视听说课程应该如何开展教学改革？什么样的教学模式能够推进信息技术与教育教学的深度融合？这些问题正在加速推进高校大学英语视听说教学的改革。

一、教育信息化背景下的大学英语视听说教学

大学英语视听说课程是我国高等院校大学英语课程体系的重要组成部分。与其他学科相比，传统教育背景下的大学英语视听说教学由于受客观条件和资源的限制，较难实现学生思考、交流和沟通能力的高效提升。在当代大学生群体中，拥有数年英语学习经历但视听说能力差、表达沟通难的学生屡见不鲜。

随着人工智能、大数据等技术的迅猛发展，智能环境已经深入了人们的生活，并逐步影响着我国的教育生态。教育信息化为正处于困境中的大学英语视听说教学带来了契机。首先，移动科技的便捷性、灵活性彻底打破了传统课堂的空间和时间禁锢，将教师和学生带入更广阔的教育和学习平台，为外语教学和学习提供了更为方便、快捷的外部条件。英语学习可以无时、无处不在，这种泛在式学习在很大程度上提高了教学和学习效率。其次，教育信息化实现了优质资源共享。以中国大学慕课为代表的在线教育平台，集翻译、批改、评价为一体的大量线上教辅软件和各具特色的外语教育服务平台实现了教育的多维化，在提升教学效果的同时，也有助于实现大学英语视听说教学中文化拓展和思辨能力培养的重要目标。此外，教育信息化为多模态教学的引入提供了充分的技术支持。信息化课堂中多种符号模态（如音乐、图像、语言、联想等）的综合运用，为学习者提供了充分的外在感官刺激，创建了良好的语言习得环境，更加符合英语学习的本质规律。因此，在教育信息

化背景下开展大学英语视听说课程教学模式改革是顺势而动,势在必行。

二、大学英语视听说课程中的混合式教学模式探究

混合式教学模式,是指在"互联网+"大背景下,依托现代信息教育资源,将课程"线上教学"的新模式与"线下教学"的传统模式有机结合而形成的新的教学模式。该教学模式将传统的面授法与在线学习进行了有效整合,既代表了前沿教学理念的引领,也体现了教与学本质的回归,符合当前教育信息化背景下大学英语视听说教学的迫切需求。在教育信息化背景下,混合式教学模式的提出为大学英语视听说教学中始终存在的难题提供了解决方案。通过传统课堂教学模式和新教育技术的有效整合、合理搭配,混合式教学模式综合了"线上"与"线下"教学的优势,有效推动了大学英语视听说教学的改革。

(一)优质线上资源共享与翻转课堂

近年来,教育部经过精心组织和遴选,在二十余个线上教育平台推出了两万余门在线课程,许多知名院校,特别是一些"双一流"建设院校纷纷推出了在线学习课程和资源。优质英语教育资源的线上共享,为大学英语视听说教学提供了强有力的支持。以中国高校外语慕课平台为例,仅这一个慕课学习平台就为全国的外语学习者提供了由北京外国语大学等名校外语教师团队所讲授的两百余门英语类在线课程资源,课程内容涵盖了语言技能、语言文化等各方面,符合社会需求,紧跟时代发展的步伐。无论是师资力量还是教学内容、手段,线上优质资源都为大学英语视听说教学提供了强有力的资源支持。线上优质资源的共享为大学英语视听说教学的翻转课堂模式创造了有利条件。教师可以通过互联网设置学习计划和目标,发布学习任务,由学生自主完成知识学习和技能训练,从而实现翻转课堂。翻转课堂整合了学生课内和课外的有效学习时间,通过灵活的指导与自学的方式,使学生语言的"输入和输出"过程实现了个性化,弥补了传统视听说教学在教学进度方面的缺陷,更符合英语语言学习的规律,有助于英语视听说能力的培养和提高。

(二)移动学习设备使用与泛在化学习

与传统课堂面授不同,移动学习设备打破了学习时间和空间的限制,为泛在化学习提供了充分条件。具有无线通信能力和便捷性的移动学习设备在教育信息化时代已经成为学生不可或缺的重要学习工具。移动技术的多媒体特性使文本、音频、视频、动画等多种媒体形式加以有机结合,多模态的语言输入形式使英语视听说学习的准确度和效率得以提高;线上测试、人机对话等技术的应用为学生提供了教师之外的指导和评价手段,从情感上更有助于学生克服畏惧心理、建立学习信息、提高元认知水平和增进交流沟通能力。移动学习设备辅助下的泛在化学习能够有效改善英语视听说教学效果,提高教师的教学效率,为教师开展课堂面授提供了有力保障。

（三）教师线下面授及课堂管理

在大学英语视听说混合式教学模式中，传统的教师面授环节依然有着其不可取代的重要意义。移动设备支持下的慕课、微课等网络平台课程学习和翻转课堂教学模式，只有在教师的科学指导和有效协助下，才能取得最佳教学效果。在大学英语视听说课程的线下教学中，教师必须厘清以下几点，并通过科学设计和安排，将其融入整个教学过程中，才能实现教学效果和效率的最大化。首先，教师必须明确英语视听说课程的知识、能力和情感目标，并根据课程目标筛选和设计教学内容。其次，教师必须把握"线上"与"线下"教学的平衡。混合式教学是在教师科学指导下的交互式学习和自主性学习，而不是漫无目的的学生自学。在线上与线下混合式教学过程中，教师对教学计划制订、教学时间分配、教学任务设计、教学活动安排、教学评价开展等方面都必须严格掌控，以保障正常的教学秩序。如果在授课过程中教师失去了对以上任何一个环节的掌控，那么课程教学必将陷入失衡状态，直接对教学质量和效果产生负面影响。此外，教师必须把握师生角色转变的适度。教师应该循序渐进地指导和督促学生培养英语学习兴趣、改善学习方法、提高元认知能力，逐步开展自主学习和合作学习，而且这一过程必须始终处于教师的监控和协助之下。教师还应定期对学生的学习情况予以评价和指导，以保证教学方向不发生偏离。

建设"互联网+教育"大平台，构建"互联网+"条件下的人才培养新模式，全面提升师生信息素养，发展基于互联网的教育服务新模式，这是我国教育信息化行动计划的基本目标。教育信息化背景下的大学英语视听说课程改革必须符合语言教学规律和社会发展规律。大学英语视听说课程的教师在提升专业素质的同时，也需要不断更新教育理念，始终保持自身教育技术和信息素养的与时俱进，充分发挥混合式教学模式的优势，为大学英语视听说教学注入更多活力。

第五节 大学英语视听说的微信互动教学模式创新

作为时下最流行的社交工具，微信因具有便捷和互动等特点被很多人喜爱和追捧，改变了大学生的社交生态和生活方式，成为大学生活中不可或缺的重要组成部分，演变成大学校园的一种特殊社会文化，甚至出现了大学生"微信控"现象。笔者认为，将微信作为一种互动实践平台引入大学英语视听说教学中，有利于提高该课程的教学效果。

一、微信为大学英语视听说教学提供互动平台

微信通过互联网可以免费发送文字、语音、视频、图片等信息，支持一对一、一对多、多对一、多对多的交流，为大学英语视听说教学提供了互动实践平台。

1. 微信提供生动有趣的学习平台

通过微信平台发送图片、文字、语音、视频等多种形式的信息时,信息接收方或朋友圈好友不仅能够接收到文字所表达的基本信息,而且通过发送方的语调、语气、表情、动作能够感觉到对方的情绪、心思、感情、态度等,因此,微信交流的信息不是单一的,而是多维度的。将微信平台应用到大学英语视听说教学中,可以大大提高学生的学习兴趣。教师把大学英语视听说的相关资料通过多维度的信息模式发给学生,学生接收和消化学习资料的过程就不再是单纯的文字学习,而是一个集图片、文字、语音、视频于一体的多感官学习,使他们对所学内容的感受更为深切。此外,学生还可以随时与教师和同学互动,大大提高了学习的互动性和趣味性,学习不再枯燥乏味。大学英语视听说课程本身就需要通过文字、语音、视频等多种形式训练学生,从而提高学生的实践能力。微信提供了一个现代化的、生动有趣的学习平台。

2. 微信提供移动学习和碎片化学习平台

人们的生活已经和智能手机等移动终端紧密联系在一起,移动性成为人们生活的一部分。智能手机不再是打电话和发信息的简单工具,而是集办公、学习、娱乐和生活服务等为一体的移动终端。学生在智能手机等移动终端上安装微信软件,就可以通过微信上的图片、文字、语音、视频随时随地进行学习。微信成了学生的移动学习平台。移动学习突破了固有的学习空间和时间限制,学习不再局限于教室和图书馆,也不再局限于课堂内,很多碎片化的时间都可以用来学习。作为一种全媒体时代的学习策略,移动学习打破了以往的学习范式和学习思维,对当代大学生极具吸引力,不但增加了他们自主学习的动力,使他们成为真正意义上的学习主体,还将他们置于更为广阔的学习环境之中,在兴趣的引领下进行英语学习。

通过微信平台进行移动和碎片化学习,加深了大学生对大学英语视听说课堂教学内容的理解,把更多的视听说实践时间转向"第二课堂",延伸了大学英语课堂教学,彰显了大学生学习的自主性。学生可以根据自身实际情况选择学习内容、学习方式、时间和地点。

3. 微信提供学生英语视听说实践平台

首先,教师可以把事先准备好的资料通过微信公众号、朋友圈和微信群予以发布。学生可以随时随地点击视听资料进行自主学习,反复实践练习。此外,教师针对个别学生的实际情况还可以私信发布一些资料,让这些学生有针对性地练习。其次,教师可以事先拟订几个主题,让学生分组建立微信群。微信群支持多人即时对话,非常适合口语练习。微信的音频和视频传输功能提供了一个虚拟的交际环境,为大学生提高英语视听说能力提供了实践平台。

4. 微信提供教学资源的共享平台。

在一所大学中,大学英语视听说课程的学生往往有几千人,一些共性资料应该共享,以便提高教与学的效率。微信公众号、朋友圈和微信群提供了教学资源的共享平台。首先,教师可以通过微信公众号发布课程资料,学生可以根据自身的实际情况利用资料。教师之间可以分工合作收集资料，减轻工作量。如果学生有合适的教学资料，也可以通过微信公众号发布共享。微信公众号的共享资料的发布由专人管理，教师或学生不能随意发布。其次，教师和学生随时都可以通过微信朋友圈发布大学英语视听说教学资料。他们的微信好友都能够接收到他们所分享的资料，然后根据自身的实际情况进行练习。最后，教师和学生随时都可以通过微信群发布教学资料。微信群成员都能够即时接收并练习。

5. 微信提供师生及时交流的互动平台。

微信具有互动性和及时性等特征。大学生在微信平台发布的学习资料、课本知识或者在微信群讨论时，如果产生了一些困惑，就可以通过微信及时向教师请教。教师可以在方便时回复解答。此外，同学之间也可以互动，相互解决问题。教师应对微信中多人提到的共性问题重点讲解，强化知识点，帮助学生及时解决问题，调动学生的学习热情，从而提高教学成效。师生之间、学生之间通过微信就课堂内外的学习内容进行及时互动交流，是一种突破，也是一种创新，提高了教学的针对性和学习的时效性。

二、大学英语视听说的微信互动教学环节设计

1. 微信公众号平台互动

大学英语是一门必修课程，学生多、教师多。微信公众平台将众多教师和学生联系在一起，把课堂教学与课外自主学习有机结合在一起。在课前，教师通过微信公众号发布语音、视频、图片和文字等学习信息，学生既可以进行预习，也可以展开小组在线讨论。根据学生反馈的信息，教师在课堂教学中有针对性地选择相关内容进行讲解。在课后，教师根据实际情况发布视听说资料供学生自主练习或小组讨论。微信公众号推送提供了留言和私信功能，方便教师和学生之间的互动交流。教师还可以通过查看视听说资料的点击率、阅读量和学生的反馈信息，了解学生喜欢哪些学习资料，即时了解学生的学习情况，从而调整课堂教学内容。

由于微信公众号面对的人数较多，可以二次开发，进行个性化功能设计，如消息管理、文本/语音交流、素材管理、测试管理、用户管理、内容分享、数据下载，方便管理和互动。例如，测试管理功能，教师首先把视频或音频考试资料以及考试试题上传。学生通过用户名进入系统进行视听测试。系统自动批改学生的答题，并对测试情况进行统计。这样教师就能跟踪学生的学习情况，为后续教学提供参考。

2. 朋友圈互动

微信朋友圈是一个能够分享信息和进行互动交流的平台。微信用户在朋友圈发一条信息，其朋友圈好友就可能即时收到信息，接下来可能会有点赞、评论或者转发等互动。发朋友圈的用户在收到微信好友较多互动反馈时，将会产生强烈的满足感和成就感；如果没有微信好友与之互动，该用户也许会因此而感到失落。就大学英语视听说课程而言，教师可以将一些有趣的音频和视频英文教学资料发到朋友圈，学生可以点击音频和视频资料做听力练习。如果有学生点赞、好评或转发互动，那么将激发其他学生点击音频和视频资料

进行听力练习的兴趣。教师还可以针对音频和视频资料的内容在朋友圈提问，让学生回答问题进行互动，检查学生是否听明白了音频和视频的内容。当然，学生也可以向教师提问，教师要及时答疑解惑。此外，如果学生发现了与课程相关的资料，那么也可以发到朋友圈分享，让有兴趣的同学点击资料进行英语听力训练。

3. 微信群互动

微信群为群成员之间提供了一种较为方便的互动平台。微信群的建立往往是出于一定目的而把相关用户聚集在一起，方便群成员针对某个主题或者某件事进行交流互动。教师可以建立大学英语视听说教师群、班级群、小组群。如果群成员数量过多，虽然群信息覆盖很快，但并不便于交流和信息共享，因此没有必要建立大学英语视听说课程群，而是应以微信公众号的形式代之。班级群十分实用，教师可以通过该群发布课前预习的视听资料和课后复习资料。学生方便下载和练习，并且可以就某一问题随时开展讨论。小组群为学生就某一话题练习口语提供便利。

4. 私信、语音和视频聊天互动

微信公众号、朋友圈和微信群是师生开展一对多、多对一或多对多互动的平台，而私信、语音聊天或视频聊天是师生开展一对一互动的平台。师生可以就课程学习中的问题通过私信、语音聊天和视频聊天进行互动交流。简单问题通过私信即可讨论，信息接收方可以随时回复。复杂问题不宜选择私信，语音聊天和视频聊天更为方便和直接。如果学生用英语进行交流互动，则既解决了问题，又练习了口语。

三、大学英语视听说教学中师生微信互动参与

1. 教师之间互动参与

作为一门公共必修课，大学英语课程（包括视听说和读写译两个部分）有其本身的特殊性：通常由大学英语教学部或教研室的教师共同承担整个学校的教学任务，很多教师同上一门课，教材统一，进度一致。上述特性决定了大学英语任课教师之间的合作是必要的，也是切实可行的。教师间通力合作能够实现教学资源共享，提高教学效率。教师应充分利用微信平台进行合作和互动。

微信群为教师之间的交流提供了便利的平台，他们可以就日常教学、教学研究、教学改革进行深度交流互动。在交流互动中，教师应注意以下事项：应无私分享教学资料和经验；应注意分工合作，各位教师应准时完成自己负责的收集和整理视听说教学资料的工作，否则这种合作将难以持续；在具体教学中，一旦发现问题应及时交流并解决，以免其他教师出现类似情况。教师群互动属于教师内部交流，此外，教师还可以通过微信公众号参与外部交流。微信公众号管理教师发布视听说资料，其他教师点击资料后，有任何问题都可以发言或者点评。微信公众号平台资料的推送同样需要教师的积极参与。

2. 师生之间互动参与

师生之间要积极互动，实现双向交流。学生根据教师的安排练习视听说，教师根据学

生的反馈调整教学内容。

首先，教师通过微信平台推送自主学习内容，师生之间开展课堂内外的互动讨论。教师根据教学进度定期发送视听资料，设计相关选择题供学生选择，通过微信平台的程序自动统计学生答题选项，从而了解学生的掌握程度。教师可以在每次授课前发布资料让学生自主学习，在课堂上组织学生用英语复述基本内容，针对资料内容提问，督促学生练习听力，提高学生的口语表达能力。

其次，教师通过微信平台监管和指导学生的自主学习，增强互动。为了督促和指导学生进行自主学习，教师必须参与微信互动，密切关注和掌握学生的自主学习动态。教师之间应分工合作，提高效率，由一位教师负责某一段时间的微信公众号动态并及时回答学生的提问。当学生遇到问题时，可以通过微信的一对一实时对讲、群聊等功能向教师寻求帮助和指导。教师在方便时回复学生的提问，快捷地了解学生的反馈信息，相应地调整课堂教学内容和方式。教学过程本身就是一个信息传递和反馈的过程，师生之间的互动参与是大学英语视听说教学中的重要环节之一。

3. 学生之间互动参与

大学生之间微信互动十分活跃，教师要有意识地引导学生之间多开展学习互动。例如，教师鼓励学生下载一些配音软件，为一些简短的英文电影对话配音，配音后发布到朋友圈分享。学生之间相互评论或点赞，相互鼓励共同进步。学生可以分成很多小组建立微信群，针对不同的话题随时随地练习口语。需要沟通时，学生之间可以选择私聊、群聊和朋友圈等形式进行互动参与、交流学习。教师可以组织开展主题班会，集体讨论微信如何融入大学英语视听说课程教学中，交流自主学习心得，营造互动参与的自主学习氛围。

四、大学英语视听说教学中微信互动的监督管理

1. 师生在微信互动模式中的角色定位

微信互动模式可以作为课堂教学的辅助形式和延伸，应该是在教师指导下的学生自主学习模式。作为微信互动教学模式中的组织者，教师应该组织、监督、引导学生自主学习。首先，教师组织学生通过微信有计划地练习英语视听说，监督学生按时完成学习任务，引导学生有效使用微信，避免一些无效的虚拟社交活动。在自媒体时代，信息发布更加便捷，同时也出现了许多虚假信息、垃圾信息、碎片信息和瞬间信息，这些信息干扰学生学习，尤其容易对缺乏判断和管理能力的学生造成影响。因此，教师应整合优质教学资源供学生学习。作为微信互动教学模式中的学习者，学生应利用微信平台自主学习、积极学习、随时随地学习、碎片化学习，遇到问题随时与教师或同学互动沟通，加以解决。总之，在微信互动教学模式中，教师的角色定位为组织者和指导者，学生则是独立自主的参与者。

2. 微信互动模式中的师生参与制度

微信互动教学模式的持续、有效发展需要一定的制度来规范师生的积极参与。学生应参与微信互动学习，互动学习情况作为该课程的过程考核指标之一。学生应加入该课程的

班级群、小组群和微信公众号；微信群内所有成员每周至少发布一条与大学英语视听说课程相关的信息，如英文音频或视频信息、英文语音聊天或问候、英文诗歌朗读、英文歌曲演唱、英文电影配音等；课程微信群交流语言仅限于英语；学生必须按时完成微信公众号所发布的视听说小测试，测试成绩直接纳入其课程平时成绩。微信提供了一个便利的查阅和记录平台。教师可以实时或定期对学生在微信群中的英语语音发言、转发学习资料、上交作业、上传学习心得等进行全面评价；学生对同学参与微信互动的情况同样可以进行评价。教师和学生的评价过程都在微信中完成，教师可以实时将评价结果在微信群中予以公布。评价过程不仅达到了评价学生参与微信互动情况的目的，而且达到了督促学生积极参与微信互动的目的。

作为组织者和指导者，教师应定期关注该课程的班级群，及时回答学生的提问。教师之间应分工合作，共同管理微信公众号，丰富微信公众号平台内容，参与互动并回答学生的提问。上述参与制度的建设保障了大学英语视听说的微信互动活动持续、有效开展，从而能够提升学生的英语视听说能力。

3. 微信互动模式的教学效果监控

微信中的交互软件使得大学英语视听说测试十分方便。通过一个或多个视频和语音对话测试，交互软件能够及时判断学生选择项的对错，并统计出所有被测试学生答题的总体情况。教师要对学生在微信上的学习行为、过程、效果进行全方位约束、监控和评价，及时掌握学生的学习动态，准确判断每个学生的学习情况，并根据实际情况改进教学方法。同时，教师应鼓励学生培养自我监控能力，自觉、合理、正确地利用微信，充分利用碎片时间进行自主学习，积极参与微信互动，分享学习心得和共同提高学习能力。

第五章 网络环境下大学英语视听说教学

第一节 网络教学环境下大学英语视听说课程设计

随着大学英语改革的不断深入，我国大学英语教学正在经历一个教学理念不断更新、教学方法和手段不断完善、教学条件和环境不断优化的过程。2004年教育部正式印发的《大学英语课程教学要求》，将大学英语的教学目标确定为培养学生的英语综合应用能力，特别是视听说能力，使他们在今后的工作和社会交往中能用英语有效地进行口头和书面交流，同时增强其自主学习能力，提高其综合文化素养，以适应我国社会发展和国际交流的需要。课程设计本身是指根据不同的教学对象，对教和学的活动进行不同层次、不同范围、不同环境、不同形式的设计，是运用不同的学科理论或原则解决英语教和学等问题的过程，是定标和达标的科学性与艺术性结合的表现。本节研究的目的是以互联网技术为支撑，使英语教学不受时间、地点的限制，朝着个性化学习、自主式学习的方向发展；根据高校的条件和学生情况，研究并探讨适合本校情况的基于单机/局域网的多媒体和课堂教学中视听说教学的课程设计，保证学生有效地进行学习。

一、大学英语视听说课程教学设计的要求

大学英语视听说课程是一门以学生自主学习和协作学习为主体的综合性学习课程，其主要目的是以培养学生的综合语言运用能力为主，并在学生运用知识的过程中，培养学生从事不同文化交流与合作的能力、交际能力、协作能力、适应工作的能力、独立提出建议和讨论问题的能力、组织能力、知人处世的能力、灵活应变的能力等。现代教育技术的优势为本课程的顺利开展提供了坚强的保障，学生在互联网上进行自我监控、测试、检查、判断或检测自己的学习行为和效果。

大学英语视听说课程教学设计，首先必须遵循《大学英语课程教学要求》，符合语言教学规律，符合学生和社会对英语学习的需要。大学英语视听说课程的教学设计强调在教师指导下的有效语言结构，也强调突出语言表达能力的培养。《大学英语课程教学要求》明确提出：大学英语教学目标是培养学生的英语综合应用能力。英语视听说教学模式可以帮助学生能听懂、能表达，符合《大学英语课程教学要求》的教学指导思想。其次，英语

教学不只是单向的语言输入，更为重要的是利用有效的语言材料构建语言体系、培养学生的语感，目的是使学生实现顺畅的语言表达。大学英语视听说教学是教师有针对性地输入讲解与引导学生构建语言体系相结合的教学模式，符合英语教学规律。最后，大学英语视听说课程的教学设计要有利于调动学生学习的能动性，使学生学会从真实的语言材料中获取有用的信息，锻炼学生自主学习的能力，使学生在以后的学习交往中能够不断提高英语水平，提高自主学习能力。

二、网络教学环境下大学英语视听说教学课程设计的可行性

（一）自主学习能力培养的必要性

1. 培养自主学习的能力是《大学英语课程教学要求》的目标

自主学习能力的培养是计算机学习系统有效利用的保证。学生不只是通过有限的课堂教学获取知识和培养能力，课下还要自主学习英语。学生应根据自己的听力测试情况，自由选择听的级别，自己决定听和说的遍数，解决自己的问题，实现个性化学习。这种学习的成功完全取决于学生的自主学习能力。自主学习能力的培养是语言教与学的目标。自主学习是学生各项能力发展的保证。随着教学改革的深入，英语测试（大学英语四级、六级考试和学期期末考试）不再只是对英语知识记忆的考查，更多的是对运用能力的检测，包括对策略运用的考查，如口语的交际策略和情感策略等。

基于 WebQuest 的在线课程能够突出体现学习者学习的自主性，满足学习者自主学习的需要，充分发挥学习者自主探究资源的能力，满足学习者对学习内容的自我选择、甄别和管理。英语语言文化知识所涉及的内容广泛，学习者对语言知识的需求千差万别，而教师的课堂教学仅仅是大学英语教学设计环节的引导。教师要借助"多媒体"（multimedia）来进行"多元文化"（multicultural）教学，以更"贴近学生生活"（relevant to students' lives）和"贴近职业市场"（career-oriented）。这一过程的实现无疑需要学生在文化情景下进行自主探究和合作探讨，以满足个人对知识的需求。

要适应社会发展和国际交流的需要，人们必须终身学习，不断自我发展与提高。对于许多学生来说，离开学校、走上社会并不意味着学习英语的结束，而是更深层次的自主学习的开始。

2. 自主学习能力的培养是语言教与学的目标

语言学习是一个积极的动态过程，是学生综合运用各种策略模式对信息积极加工、对学习过程自我监控，从而达到自然运用语言的过程。

3. 自主学习是学生各项能力发展的保证

随着教学改革的深入，英语测试（大学英语四级、六级考试和学期期末考试）不再只是对英语知识记忆的考查，更多的是对运用能力的检测，包括策略运用的考查，如口语的交际策略和情感策略、大意预测听力等。

4. 自主学习能力的培养是提高课堂教学效率的需要

在有限的课堂教学过程中，首先，让学生明确教学目的和内容，认真听课，充分调动学生的主观能动性，使得学生能够积极配合教师参与各种活动，从而取得最大限度的输入和内化。其次，因为课堂时间有限，大量时间在课外，所以教师在课外要进行正确引导，有规律地将复习—预习—练习相结合。课内与课外相结合是提高教学效率的保证。

（二）课堂教学应重视学生的需求

以学生为中心的课堂教学应体现学生的需要。课堂教学不仅要考虑学生将来对英语的需求，还要考虑他们日常学习过程中的需求。学生在日常学习过程中的需求不仅包括语言学习本身的因素，如日常的学习负担、循序渐进、复习巩固等，还包括学生的智力和情感的需求。

（三）积极探索视听说教学的新模式，帮助学生建立信心

英语视听说教学采用多媒体网络教学模式。在教学过程中，教师要注意激发学生的学习热情，完善教学中意义建构的指导作用，使在线课堂不仅实现人机对话，更重要的是进行人际交流。建构主义者认为，在学习者对知识意义的自主建构过程中，意义建构是学习的目的，要靠学习者自觉、主动去完成，教师和外界环境的作用都是为了帮助和促进学习者的意义建构。计算机和互联网作为一种外在的媒介是实现学习者意义建构的一种有效桥梁，必须以实际、有效的资源内容为核心来促进建构过程的实现。

（四）重新认识教师在视听说教学中的作用

以学生为主体的学习并不意味着教师职责的削弱，反而对教师提出了更高的要求，要求其承担更多的责任。事实上，教师在促进学习者自我实现并定期向学习者提供帮助方面起着至关重要的作用。

（五）建立视听说教学质量评估体系

教学评估体系由过程性评估和终结性评估两部分组成。过程性评估由教师评价和学生自主评价构成。学生自我评估包括在线学习过程记录、单元成绩、阶段性测试成绩等。教师每节课记录学生的表现情况，每月检查一次学生的课堂笔记、课外写作等，并记录成绩。教师通过课外活动的记录、在线自学记录、学习档案记录、作业提交情况分析、访谈和座谈等形式，对学生的学习态度、学习方法、学习过程和学习效果进行观察、评估和监督。终结性评估由期末考试和平时成绩按比例构成。

实际上，英语课程设计是一个理论与实践相结合的复杂工作，不仅需要理论为基础，更需要实践去检验，是一个不断更新和完善的动态过程。只要教师在今后的英语教学中勇于创新、不断进取，英语教学就一定会上一个新台阶。

第二节　多媒体网络环境下的大学英语视听说主题式教学

英语视听说教学主要运用视频和音频材料，借助比较真实的语言情景来进行。自 20 世纪中叶起，在西方国家就产生了运用听和说进行语言教学和学习的方法，例如，视听说法（The Audio-Lingual Method）、情景法（The situational Approach）、交际法（Communicative Approach）等。这些教学方法都曾对我国的英语教学产生了很大影响。但是，由于中国的教学主要是以考试为导向的，在课堂上教师往往花大量的时间训练学生的听力技能技巧以帮助学生通过考试获得高分，而非真正意义上的视、听、说综合能力训练。

随着多媒体和互联网的发展，多媒体技术和互联网技术融入英语视听教学中成为趋势。由于多媒体技术和互联网技术能够创设教学内容所需要的特定的语言情景，具有进行人机交流和加强师生之间和学生之间的交互协作的功能，因此在多媒体网络环境下开展英语视听说教学有利于学生视听说能力的综合训练，有助于提高学生对输入语言材料的理解和以口语交际能力为主的综合语言输出能力的提高。

一、语言输入假设和输出假设理论

美国语言学家克拉申在 20 世纪 80 年代初提出了语言输入假设理论（Input Hypothesis）。他认为，只有当习得者接触到"可理解的语言输入"（comprehensive input）略高于其现有语言技能水平的第二语言输入时，才能产生习得。如果习得者现有水平为"i"，那么能促进他语言习得的就是"i+1"的输入。"i+1"理论集中体现了循序渐进观，强调学习的步骤、方法和学习的过程，强调在"过程"中获得"结果"，让学习者获得大量的可理解的语言输入，变输入为吸收，习得语言知识，增强语言能力。

加拿大语言学家斯温（Swain）提出了"输出假设"，指出仅仅靠可理解输入还不能使第二语言习得者熟练地使用语言，成功的第二语言习得者既需要大量的可理解输入，还需要可理解输出。斯温指出，在某种程度上，输出可以促进第二语言的习得，其方式不同于输入，但可以增强输入对第二语言习得的作用。

克拉申的理论和斯温的理论是相辅相成的。大量可理解的语言输入能够保证成功的语言输出，语言输出又可以促进语言输入的增加，从而使学习者的语言水平得到不断提高。教师要充分考虑学生的知识结构和现有水平，在学生可理解范围内保证给学生提供足够的语言输入。这样，学生可以有效地接触大量的可理解性语言输入，从而提高语言习得效率。

二、利用多媒体网络环境进行主题式教学

英语主题教学模式是在现代教育思想指导下,以反映社会生活各方面的主题为学习内容,把主题分化为不同的话题,通过引导学生参与这些话题逐步学习、掌握语言知识,了解隐含的文化信息,达到提高学生的跨文化语言交际能力的目的。

多媒体技术和互联网技术已被广泛用于教学中,教师可以借助多媒体资源的共享特性,根据不同的课堂主题,搜集整理与之相关的资料,提供较真实的语言材料,扩大和丰富语言输入,激发学生的兴趣,让学生在轻松、合作、友好的课堂环境中利用多种资源和信息主动学习语言知识,并利用在线自主学习平台拓展学习内容和空间,通过听觉和视觉大量感知语言材料,结合各种视听说活动加强语言输出,提高学生的英语交际能力。

教师在大学英语视听说授课中,应尽量减少以考试为导向的公共英语视听说课的授课模式,发挥多媒体技术和互联网技术的资源优势,采用主题式教学方法,具体做法如下:

(一)确定主题

主题内容不拘泥于固定的教材。教师可以根据学生的学习兴趣确定课堂主题,围绕这些主题展开各种语言视听说活动。教师可以提供一些涉及经济、教育、职业、健康、住房医疗保障、体育、旅游、环境保护、爱情等的主题,由学生挑选,然后教师根据授课时间和教学条件适当增减。这样能保证教学主题现实性强,符合学生的兴趣,能调动学生学习的积极性。

(二)以主题为指导的语言输入和输出

主题式教学的本质特征是围绕主题进行训练,以培养学生的综合能力。一堂成功的英语视听说课一般需要完成三个步骤。

1. 课前准备

课前准备的目的主要是保证学生有足够的语言输入,以利于课堂活动的展开。教师可以依托学校的自主学习平台,提前公布课堂主题内容,上传学生课前要看的视频和音频,布置与课堂主题相关的思考话题,并让学生在互联网上搜索与此主题相关的视频材料,进行探索和学习,然后根据以上材料进行加工整理,思考该主题在日常生活中的体现、对大学生有何影响等,最后以课件的形式呈现出来。课前准备不仅能让学生提前了解相关的课堂主题内容,更为重要的是,可以缓解学生在课堂学习过程中的焦虑情绪,增强学生参与课堂互动的信心。

2. 课堂教学

课堂教学是语言输入和输出并重的阶段。承接课前准备,教师先让学生做个人课堂报告,即与其他学生分享其准备的课件,阐释个人观点,并回答其他学生提出的问题。然后,教师把与主题相关的音频、视频材料输入给学生,让学生进行听力理解练习,检查学生的理解程度,具体讲解重点和难点,提供相关背景和文化知识,帮助学生掌握细节。对于好

的视频材料，教师可以利用多媒体技术，选取合适的视频片段，让学生模仿，帮助学生完善英语发音和加深材料理解。另外，教师根据主题内容设计一些与现实和学生生活密切相关的话题，开展课堂口语活动，调动学生语言输出的能动性。教师可以把学生分成若干小组，给学生一定的自主性，让学生自行确定采用对话、访谈、角色扮演等不同的表现形式。

教师课堂上呈现的视频音频材料与课前提供的应有一定的内容差和难度差。如果课前和课堂上使用的材料一样，学生获取语言材料的积极性就会降低，不利于学生语言知识的输入。同样，课前材料难度应低于课堂材料难度，既能调动学生课下学习的积极性，又让学生对课堂教学充满期待，营造好的学习氛围，减少学习障碍，提高语言输入输出的整体效果。

3. 课后延伸

英语视听说课程应该兼顾听和说能力的双向提高。只听不说或者多听少说都不利于学生语言交际能力的发展。由于课堂上学生进行输入和输出的练习时间有限，因此课外在老师引导下进行延伸的语言输入和输出学习对提高学生综合语言表达能力显得尤其重要。

课后延伸主要借助学校的在线学习平台，利用互联网资源，让学生在开放、交互的环境下进一步学习，扩大信息输入内容，增加输出的模拟练习。在线学习平台上有各种难度的视频、音频内容，学生可以随机练习。教师还可以上传一些与主题相关的辅助学习资料，提供在线答疑。互联网上有学习论坛（BBS）和网络日志（BLOG），学生可以就课堂话题相互提问或发表个人看法，增加学习的互动性。为避免课后学习流于形式，教师可以规定哪些内容必须在线完成，哪些内容可以根据个人能力选择做与不做，这样可以保证学生的课后学习有一定的针对性和自由度。

（三）立体化学习评价

针对学习效果的评价应结合英语视听说课程的自身特点和多媒体辅助学习的特性，不同于以往的以考试为主的终结性评价，立体化评价贯穿语言学习的各个输入和输出阶段。它包括课前、课上、课后三个阶段评价，其中有学生自我评价、学生间相互评价、教师评价、在线学习评价；既有对学生学习结果的评价，也包含对学生学习能力、学习过程、学习策略、小组合作交流等内容的评价。评价的最终目的不是考核学生的学习成绩，而是帮助教师了解学生，调整教学策略，给学生及时的指导，激发学生的学习动力，激发学生自觉输入和输出语言的积极性。

以往的英语视听说教学往往注重语言输入，忽略语言输出，即注重英语视听练习而忽略说的练习，学生开口说话的信心和能力不能得到明显提高。基于多媒体的英语视听说主题式教学能够吸纳形形色色的教学内容，提高学生的学习兴趣，提高学习效果，尤其是提高学生理解输入的语言材料，就给定话题表达个人观点等方面的语言输出能力。当然，学生英语视听说能力的提高是一个较长的过程，多媒体技术和互联网技术只是提供了较好的硬件条件，与学生英语视听说的能力提高没有直接的因果关系。教师应该继续发挥主导作用，监督、引导学生积极利用网络资源，充分发挥多媒体技术和互联网技术的优势，提高学生的英语视听说能力。

第三节 大学英语机考探索与英语视听说教学实践

《大学英语课程教学要求》明确指出：大学英语的教学目标是培养学生的英语综合应用能力，特别是视听说能力，使他们在今后工作和社会交往中能用英语有效地进行口头和书面的信息交流。在以往的大学英语教学过程中，由于受教学模式、教学方法、评估体系、教学设备等的影响，教师对培养学生的英语视听说能力重视不够。另外，受考试制度的影响，学生本身对提高英语视听说能力的兴趣不高，因此，学生的英语视听说能力相对薄弱。为了改变这种现状，切实贯彻实施教育部的《课程教学要求》，教师可以做一些尝试：增加英语视听说课程的课堂教学时间，以弥补传统课堂对英语视听说训练的不足；要求学生借助互联网和多媒体进行自主视听说训练；利用多媒体进行大学英语视听说机考。

一、大学英语机考的优势与劣势

大学英语机考的优势是：从考试内容来看，以听力为纲，以口语为特色，更注重考查学生的英语综合应用能力。《欧洲语言能力共同参考框架》将语言交际活动归纳为五大类，分别是：语言输出，即口头表达和笔头表达；语言输入，即听力理解、阅读理解和视听能力；互动活动，即口头互动和笔头互动；中介活动，即口译和笔译；非语言交际，如手势和动作。与传统的纸笔测试相比，机考在这五类语言交际活动的结合度上做得更好，特别是提供了形式多样、内容丰富的模拟语言交际活动，在英语视听说教学方面有很大突破，注重考查学生的英语综合应用能力。

从考试形式来看，更多注重测试真实性和情境性，突出以人为本的理念。巴赫曼（Bachman）指出："语言测试的真实性指目标语言使用任务特征与测试任务特征的一致程度。"从机考的选材来看，这些素材反映了人们日常生活中的一些场景，也是考生在现实生活中或在未来工作和学习中可能遇到的情况。从考查的手段来看，与纸笔测试相比，机考改变了过去的单一音频测试的方式，使单一的听力考试变为视听考试，充分利用以音频、视频和图片为一体的多维立体信息形式形象、生动地再现了现实生活中的各种交际场景，唤起了考生视觉与听觉的有机结合，给考生以身临其境的感觉，能较真实地反映考生在常态下的英语实际应用能力。

大学英语机考存在的主要问题包括：

（1）试题库建设。语言测试的题库不同于一般的数据库，绝不仅仅是若干试题的简单组合。试题库中的试题不仅要考虑题目的难度值，还需考虑区分度和答案的可猜测度。试题库建设是一项系统工程，是实现机考的先决条件。

（2）设备问题：机考对软件和硬件设备都有较高的要求（如计算机的声卡、麦克风、显示器分辨率等）。评分系统也需不断完善，随着评分系统的完善，测试题型的综合性才能越来越强，测试精度才能提高。

二、大学英语视听说教学改革

（一）夯实英语基础知识

英语视听说教学要抓好语音关，使视、听、说相结合。学生学好音标是学好英语的前提条件，对其未来的英语学习也是一件有益的事情。听力教学不能仅仅局限于听的环节，教师应让学生围绕听的材料说，使听、说有机结合，相互促进。另外，学生要广泛阅读，扩大词汇量，通过阅读了解英语国家的人文、地理、历史、传说等方面的知识，养成在不同场景中接触不同词汇、全方位感知英语文化的习惯。

（二）采用互动教学模式

互动式教学模式以充分调动学生的主观能动性为基础，大力培养学生的自主学习能力。同时，该教学模式能够充分调动一切教育资源，在生生之间、师生之间、课内与课外之间、学校与社区之间建立起立体、多维、互动的关系，使学生由被动接受知识变为主动接受知识。这一教学方法的原理在于建立从不同侧面围绕学生感兴趣并能引起思考的共同主题，并在这一主题下把听、说、读、写、译等语言活动有机地组合起来。

（三）培养学生的良好心态

在日常视听说教学中，教师可以采取多种方式，创设轻松的课堂环境。例如，在上课之前放一些旋律优美的英文歌曲，这样可很自然地把学生带入美妙的英语世界。教学方式多样化会帮助学生克服听力疲倦，提高课堂参与效果。此外，教师应选择一些知识性与趣味性相结合的并稍高于学生能力的材料，调动学生的兴趣，激发学生的积极性。

大学英语教学视听说是大学英语教学的基础，但是也是大学英语教学的一个相当薄弱的环节。要改变这种状态，教师就要不断学习，扩充与大学英语视听说教学有关的知识，总结、积累有效的新型教学方式和策略，提高学生的综合听力理解能力。大学英语视听说教学水平的提高不是一朝一夕的事情，除了教师的指导，更需要学生多方面地努力。教师和学生一起努力，合理、有效地进行教与学，才能实现大学英语听力的教学目标。

第四节 网络条件下的大学英语视听说应用能力培养

《大学英语课程教学要求》明确指出，高校在学生英语能力培养上的教学目标是必须培养学生的英语综合应用能力，特别要注重学生视听说能力的培养。当学生工作和进行社会交往时，要能够用英语顺利进行口头和书面的沟通和交流，由此引发了各高校在课程设置和教学模式等方面的一系列英语教学改革。在教学实践中，教师尤其要注重学生视听说能力的培养，借助网络和多媒体从创设教学情境入手，强化基础知识和文化知识背景的输入，进而通过在教学中采取师生、生生共同参与交互活动的方式让学生完成主题任务，实现体验式的知识输出，使学生在教师的指导和同学的协助下，建构自己的知识体系，突出网络条件下的个性化、自主化学习，从而达到提高学生英语综合应用能力的目的。

一、网络条件下视听说应用能力的培养策略

多媒体与网络以其灵活性、开放性、交互性、迁移性和实用性等特点，成为大学英语教学强有力的实战工具。教师借助网络与多媒体设备可以将听、说、读、写、译等学习内容与语言应用有机结合在一起，让学生既在实际运用中学习了基础知识，又在实践操作过程中综合自己对英语语言知识的理解，提高了英语应用能力。网络极大地拓展了语言学习的范围，使学生从只注重语言本身，转移到注重语言学习和语言应用，培养了创新能力；也使教学内容化静为动、化抽象为具体，优化了外语教学的学习环境。

（1）利用网络素材，加强视听说基本功训练，提高学生的视听说应用能力。英语教学的目标是社会文化能力，包括语言能力、语用能力和扬弃贯通能力（理解能力、评价能力和整合能力）。语言学习能提高的关键是听力能力的提高。听力的作用是增加语言输入与储备。在英语教学过程中，教师要注重语言的输入，注重培养学生的听力理解能力，才能从根本上提高学生的语言综合能力，提高学生在交际过程中运用语言的能力。教师可以借助互联网挑选相应的课内和课外听力材料，布置视、听、说、写练习任务，使听力材料内化为学生的可理解性输出，提高学生的英语听辨能力，创造出良好的语言环境。学生在课内和课外进行交流时，应循序渐进地由"中英双语"向"全英"转变。同时，教师要注重学生英语口语练习的准确性和流利性，引导学生准确、流利发音，依托网络，给学生提供原声视频等，让学生置于情景主题下进行交流、讨论、辩论。教师应给予修正、补充，使学生能够多角度看待和分析问题，提升其英语应用能力。

（2）运用网络下的各种教学模式强化学生应用能力的培养。

①任务型教学模式采用以学生为中心、以教师为指导、任务为目标的教学方法，加强学生的语言实践。教师根据授课内容，把课堂变成具体的语言模拟实践场所，教学互动；充分利用现代化的教学辅助手段，提前给学生布置课内课外任务；采用互动式教学方法，如小组讨论、双人对话、模拟活动、表演等方式进行教学。教师在课堂上组织学生进行各种视听说交际活动，围绕主题展开讨论和辩论，根据任务主题进行演讲、游戏、课件展示、短剧表演等。在课堂教学中，教师的角色由传统的知识灌输者转变为任务引导者，学生的角色由被动接受者转变为主动参与者。这种由教师为中心向学生为中心的任务型教学模式的转变有助于增强学生的自主学习意识，发挥学生的主观能动性，提高学生的语言实践能力。

②体验教学模式强调英语学习是一种体验，提倡在体验中学习，将学生置于语言教学的中心，教师有目的地创设教学情境，引导学生通过合作式学习，与其他学习者交流

和分享学习体验，进行反思、总结，亲自去感知、领悟知识，提升能力。体验教学模式借助多媒体辅助教学，由教师创设体验情境的主题，通过角色扮演，使学生直接感受目的语的语言和文化，激发学生的学习兴趣和潜能，从而引导学生对语言进行整体理解和运用，一般采取小组合作学习、合作完成任务的方式。教师在具体实践中所使用的教学方法主要有传统讲授法、案例分析法、情景模拟法、文化探究法等。体验式英语教学的课程设置注重培养表达能力，主要特征是学生亲身经历、全程参与、个体感受和意义内化。体验式教学以学生为中心，以任务为基础，学生通过具体体验来发现语言使用原则并能够将其应用到实际交流中。

③自主学习模式利用在线自主学习系统从多层面、多角度对学生进行听力、口语能力的培养。学生必须完成的内容和进度，教师通过后台进行线上管理和答疑辅导。教师可以开设英语角和英语空中大讲堂，加强课外辅助学习，给学生提供更多的语言实践机会，提高学生的语言综合应用能力。

二、改革评估体系，加强语言综合应用能力考核

在成绩评定中加大形成性评价的比例，形成性评价要占学生总评成绩40%，强调评价的过程，改变了测试作为外语教学评估的主要手段。形成性评价由课内和课外成绩构成，课内教学活动评价包括出勤、课堂表现、视听说测试、平时测验。课外活动评价分别由作业、在线自学、英语角组成。教师要多角度、多手段评估的学生学习情况，对学生英语学习的全过程进行监督和管理，从而综合评定学生的英语学习成绩，充分考查学生的英语综合应用能力。

在以培养学生实践能力和创新能力为主的应用型本科院校，在大学生的英语实践能力中视听说能力最为基础和必要。加强网络条件下视听说能力的教学，对培养具有创新精神和创新能力的高素质人才，提高课程教学质量具有重要意义。

第五节 即时通信软件在大学英语视听说教学中的运用

随着社会的不断发展，教育现代化技术迅猛发展，多媒体网络教学已经成为现代教育不可或缺的一部分，在大学英语视听说教学中同样起着重要的作用。《大学英语课程教学要求》的重心是把教学目标从阅读教学转移到"培养学生英语综合应用能力，特别是视听说能力"上来，并强调必须"增强学生自主学习能力"。由于大学英语教学改革取得了初步成效，大学英语四级、六级考试在2005年开始采用新的计分和成绩报告方式，宣告考试改革的正式开始。在考试内容和形式上，改革突出了听力分值的增加，由此对大学英语

教学产生了重大影响。随着大学英语四级、六级考试改革深入，2009年全国180所试点高校，大学英语四级、六级考试实行机考已是大势所趋。为了适应国际社会对人才的要求，大学英语的教学方式应该进行进一步调整。同时，考试改革的内容指明了一个方向，就是强调英语教学应该以学生为中心，以培养学生的英语视听说能力为主。然而，现实情况表明，由于传统的英语听力教学模式和以听力课为背景的听力理解研究滞后，英语视听说对于众多大学生来说仍然是学习和测试中最困难的部分。教师恰到好处地使用即时通信软件，充分利用这一媒体的特点，能够为学生的学习创造一个相对真实的语言环境，也能够自由、充分地与学生进行沟通、交流，改变"填鸭式"的传统教学模式，在很大程度上避免单纯教授语言知识；还能够根据学生的具体水平和学习生活环境，在交流的过程中发展学生的视听说能力、思维能力和交际能力，从而达到真正意义上的语言习得。

一、网络即时通信软件的特点

即时通信是指能够即时发送和接收互联网消息等。即时通信的功能日益丰富，逐渐集成了电子邮件（E-mail）、博客、音乐、电视、游戏和搜索等多种功能，是集交流、资讯、娱乐、搜索、办公协作等为一体的综合化信息平台。即时通信不同于电子邮件之处是它的交谈是即时的。即时通信允许两人或多人使用互联网即时传递文字信息、档案、语音和视频进行交流。在即时通信的众多应用形式中，QQ无疑是受众面最广，最受青年学生欢迎的即时通信软件之一。QQ除了能加强信息沟通外，还能通过文字、语音、视频、文件的信息交流与互动，成为师生间的沟通工具。QQ群更是教师进行教学、学生进行学习交流的有利平台。

总的来说，QQ及QQ群具有以下特点：

（一）操作简单、方便

相对于传统的个人主页、教学课件或是教学网站而言，QQ及QQ群具有简单、快速、免费和易用的优势。可以说，几乎所有的大学生都拥有QQ号码，也经常会利用这个工具与同学和老师交流。建立一个学习交流QQ群并不需要烦琐的申请，技术的简化使得这一切都极为简单、方便。

（二）平台资源共享性强

QQ群空间的一个重要作用就是可以提高信息整合量，以期达到最大限度的资源共享。不仅是群创建者，其他成员也可以将文章、音频或者视频发布在群空间里，供浏览者观看、下载，从而达到资源共享的目的。

（三）沟通实时同步，互动效果明显

QQ群的任何成员只要愿意接收消息，就可以在线与其他人进行交流互动。同时，他们可以就空间里的任何有关英语学习的信息进行探讨。教师作为创建者更应该积极回应并

表达对学生的关注,从而实现师生间的良好互动。

二、即时通信软件在大学英语视听说教学中的具体运用

即时通信软件应用于大学英语视听说教学中有助于学生得到同等的锻炼语言的机会,从而提高学习兴趣、建立学习信心,是一种有效的教学手段。其具体运用表现如下:

(一)介绍听力技巧

很多学生刚接触大学视听说课时往往都有着浓厚的兴趣。大学英语四级、六级考试和就业的要求也促使他们对视听说非常重视。但由于缺乏一定的听力技巧,即便他们花很多工夫去听录音、看视频,效果却并不显著,这一不良后果扼杀了学生的学习兴趣,使学生失去了学习英语的信心。教师在 QQ 群上介绍一些听力技巧会有助于学生提高学习效率。例如,告诉学生要学会听前预猜,即从选择项内容猜测该段对话或短文要涉及的内容,如说话人的关系、身份、场合等。这样就可以缩小信息范围。而抓关键词、关键句和信号词则有助于学生理解文章的结构和大意。

(二)提供听力材料

对于非英语专业的学生来说,他们在每周一次的听力课上所接触到的语言输入是远远不够的。尽管学生可以便捷地利用互联网去获取信息,但仍然需要教师给予其适当的引导。教师可以在群空间贴上一些对英语学习有帮助的网站链接并简单介绍,以帮助学生更好地选择对自己有益的信息。此外,教师还可以把符合学生水平、与学生的生活息息相关、能激发学生的兴趣的听力材料和大学英语四级、六级考试真题上传到群共享里,供学生下载、收听、练习。

(三)介绍背景知识

大学英语视听说课往往会出现这样的问题——对于每个单元的主题,总有学生不大了解,无法进行讨论,因此兴趣不高。长此以往,会造成学生失去说的兴趣甚至对视听说课产生厌恶感。教师可以在课前在 QQ 群里对下一课的主题做介绍,发布与主题相关的文章,让学生事先阅读,加深他们对文化背景知识的了解,让他们有话可说。同时,学生通过阅读不同的文章能够开阔视野。为了满足学生口语沟通的需要,教师还可以给学生提供地道的口语表达法。通过 Everyday English(每日英语)的方式,每天一帖,每帖展示两三个句子或者三四个习语的用法,这样日积月累便增加了学生的词汇量。只有词汇量提高了,学生的视听说读写能力才能够得到提高。

除此之外,在日常交流和回复评论帖子时,学生要尽量用英语表达,无须担心准确性。教师对每一个回复都要尽可能给予回应,以此增强师生间的交流及学生运用语言的机会。表面上看来,这一切仍是基于书面的交流,但是由于交流中的非正式性和网络语言的随意性,学生的实际生活口语会话能力必然也能得到提高。

即时通信软件能随时随地为学生提供丰富多样的语言材料、真实生动的语言交际情景，在很大程度上优化了英语教学资源和环境，提高了个人学习效率，提升了教学效果，对于大学英语视听说教学起到了积极的促进作用，对教师自身素质也提出了更高的要求。只有把现代信息技术与传统的教学手段恰当地结合起来，各取所长，互相补充，才能最大限度地提升教学效果。

第六节 网络环境下大学英语视听说作业的创新设计和评价

《大学英语教学指南（试行）》指出，大学英语的教学目标是培养学生的英语应用能力，增强跨文化交际意识和交际能力，同时发展自主学习能力，提高综合文化素养，使他们在学习、生活、社会交往和未来工作中能够有效地使用英语，满足国家、社会、学校和个人发展的需要。为了实现这一目标，近年来，大学英语从教材到课程的设置等诸多方面都有了明显的改变。作业是英语教学反馈的重要形式之一，但是其设计形式和评价方式如何改进却鲜被提及。现在，大学英语课程的课时不断减少，压缩了学生在课堂上学习的时间，因此，学生的课后作业就应当受到重视，以弥补课时的不足。教师可以通过布置作业培养学生形成良好的自主学习习惯和综合运用语言的能力，根据学生的特点设计出多元的、开放式的作业，并结合互联网使作业的内容更加丰富、有趣，评价也更加多维、客观。

一、大学英语视听说作业设计和评价的现状分析

（一）大学英语视听说作业设计形式的现状分析

互联网的发展给大学英语视听说作业设计带来许多便利：信息获取的渠道更多，收发作业的形式也更多。但作业的现状却不尽如人意，未能发挥其对教学的反思和促进作用。目前的作业设计有以下几个方面的不足：①作业内容单一、乏味，设计随意。由于缺乏有力的理论指导，教学目标不明确，导致布置作业的内容和形式单一，不能真正提高学生的学习自主性和调动学生的学习兴趣；由于教师教学、科研压力大、工作烦琐等原因，教师没有足够的时间和精力科学地设计作业，只是一味地让学生完成课后练习。②书面作业多，实践性作业过少。教师过分重视对识记能力的考查，而忽视了对学生理解、分析、综合应用等多种能力的培养。③独立完成作业多，合作完成作业少。多数教师布置作业比较匆忙，导致学生无法领悟作业与上课内容的联系。

（二）大学英语视听说作业评价方式的现状分析

首先，批改作业是教学不可缺少的重要环节。通过作业的批改，教师可以掌握学生的

学习情况，并对自身的教学进行反思和改进。可以说，作业是在大学英语大班教学效果不理想的情况下，教师与学生之间沟通的重要方式之一。但实际情况是，批改作业占据了教师大量时间，而且许多老师没有足够的时间及时批改作业；学生对老师批改回来的作业并不能认真地对待，几乎零反馈。其次，作业批语是教师情感输出的重要载体，体现了教师对学生作业的意见和态度，体现了教师对学生学习成果的认可或否定。目前，大多数教师由于时间紧迫和批改量较大，批语普遍比较单一，缺乏生动性。并且，大多数教师对作业的评价比较传统，以教师为主导，学生处于被动地位。

二、网络环境下大学英语视听说作业设计形式的革新

网络环境给大学英语视听说作业带来了许多新颖的元素。教师可以让学生使用计算机或手机完成作业，也可以利用网络与教师和其他同学进行探讨。本节将从教师备课、给学生设计预习、课中和课后作业四个方面探讨利用网络环境改进大学英语视听说作业的设计和布置。

（一）利用网络环境改进教师备课

为了避免作业布置的随意性，教师在备课时应精心设计作业这一环节，在课上留下合适的时间让学生能够完全了解作业及要求，从而认识到作业的重要性，提高作业的有效度。教师需要提前完成作业的设计，仔细揣摩，设计出适合学生的作业。凭借网络的便利，教师可以在每一学期的第一周，以电子邮件的方式给学生发送一份该学期的作业内容进度表，学生需要根据此进度表在规定时间内完成并发送作业。有了这份进度表，学生可以在学期初就对该学期需要完成的作业有大概的认识，也就会相对减少学生在课上来不及抄录作业要求或听不懂作业内容等问题。

（二）利用网络环境改进课前预习作业设计

以往的英语视听说课程的预习作业主要以预习即将学习的单元中的单词为主，或是教师简单地要求学生预习单元的话题等。这两种方式均过于单一或目标不明确，在实际情况中教师也很难掌握学生的预习情况。因此，明确目标、细化要求的预习任务是十分必要的。人们获取各种信息中有83%的信息是通过视觉获得的。互联网以有声语言和文字说明，图、像、文、声并茂，容易激发学生的兴趣完成作业。以笔者教授的课程教程《新视野大学英语视听说教程(第二版)》《第二册》Unit 7 What's in fashion？（第七单元：流行什么？）为例，笔者给学生布置的预习作业中关于英语单词的部分涉及两个方面：一是搜集表达"时尚的"的英语单词或短句，如何形容某人"有气质""会打扮"等；二是搜集关于不同类型的"衣服""裤子""裙子"等的英语表达。话题分享部分要求学生分享一位自己心目中时尚的人，并附上照片，以供课堂讨论。单词的预习作业设计的初衷是帮助学生通过互联网拓宽意思相近的单词的储量，使他们在课堂中能及时运用新的单词参与课堂讨论。除了单词的预习，观看相关视频的预习作业也是不错的选择。同样以笔者所教授的课程教材《新视野大学英

语视听说教程（第二版）》（第三册）Unit 9 What mode of travel do you prefer？（第九单元：你喜欢哪种流行方式？）为例，根据单元中关于"中国高速铁路、高速火车"这一话题，笔者在互联网上搜索了许多纪录片，最终锁定《你所不知道的中国》（Tales From Modern China）（第一集）作为学生的预习作业。原因有三：一是考虑学生的知识水平、语速、语音、所选的词汇是否合适，要让多数学生不看字幕或仅看英文字幕就能看懂；二是所选的视频内容所拍摄的时间最好是与当下接近的，是符合中国高铁发展近况的；三是视频的资源应当丰富，方便学生通过名字进行搜索。

（三）利用网络环境改进课堂作业设计

课堂作业的功能可以表现在两个方面：一是对预习作业的检验和延伸，使学生能够在课堂上运用自学的新知识；二是对课堂内容的复习或提升，使学生能够更深入地思考相关话题，分享自己的观点。首先需要说明的是，虽然笔者所教授的是英语视听说课程，但这并不局限了作业的形式必须是听力或口语练习。例如，笔者在教授《新视野大学英语视听说教程（第二版）》（第四册）Unit 2 Beauty can be bought（第二单元：美丽是可以买到的）之前给学生提供了两部来自英国广播公司的纪录片作为预习作业，并在课堂上所有的听力练习和口语练习都完成后，笔者给学生布置了5分钟的写作任务，即要求学生在5分钟内写出不超过50个字的关于"美是什么"的定义句。通过此次课堂作业，教师发现大多数学生都能主动运用本单元所学的新词汇和其他词汇进行表达，描述定义的出发点也不再像课程之初预热环节的"头脑风暴"中表述的那么片面，更有部分学生能够发表一些富有哲理、引人思考的观点。

其次，积极利用手机等移动设备融入课堂作业也是一种新鲜的尝试。作为"数字原住民"（Digital Natives）的"00后"甚至更年轻的一代人，一出生就面临着一个无所不在的网络世界。对他们而言，网络就是他们的生活，数字化生存就是他们从小就在应用的生活方式。这一代人获取信息的主要渠道是互联网，解决作业中遇到的难题也更倾向于选择"百度"等搜索引擎。根据这一特点，笔者在教授《新视野大学英语视听说教程（第二版）》（第四册）Unit 8 Is Biotechnology Our Friend Or Enemy？（第八单元：生物技术是我们的朋友还是敌人）中关于"克隆"这一话题时，要求学生以组为单位，在5~8分钟内"百度"一番"克隆羊多莉"的信息，并选派一位组员代表口头回答教师预留的问题。笔者设计这一课堂作业的出发点是基于教材的练习内容属于说明文性质，比较枯燥。试想如果从某一著名的案例出发，以点带面是否能够提高学生的参与度？从课堂反馈来看，笔者的尝试是达到了预期效果的。通过对网络信息的检索、筛选到学生对知识的消化，再到口头陈述，本身就是对学生自学的一种训练方式，符合当下学生的学习习惯。

（四）利用网络环境改进课后作业设计

自从电子邮件、QQ广泛运用于教学特别是作业的收发，网络在作业布置中的作用越发重要。但是，简单地利用网络收发作业仅仅是将书面作业转变为电子作业，换汤不换药，没有什么实际的效果。如果能够合理利用网络资源和技术改进课后作业的设计和反馈，就可以延伸作业的实效性，甚至提高学生的学习参与度，并起到一定的监管作用。

1. 利用网络环境辅助口语训练

大学英语大班教学造成了课堂口语训练时间严重不足、学生参与度低、缺乏主动性等现实情况。英语视听说资源虽已数字化，但是缺乏组织性、系统性。任何语言的学习都不能缺少语言环境和交际，利用网络环境辅助口语训练是解决这一问题的有效途径之一。

例如，笔者在教授大学一年级新生的第一堂课往往是复习音标和训练学生容易混淆的发音等练习。课后，笔者以班级为单位建立了若干QQ群，发表了课上列举的所有易混淆的发音练习题，并利用在线美音或英音的识读软件提前录制了这些发音，同时准备了三种类型的课后作业：易混淆单词发音练习、句子发音练习，以及一段较长的段落或英文绕口令。学生在完成模仿练习后，可以根据自身情况选择其中一种课后作业或完成所有类型的课后作业，并将录音分享到群里或与教师私聊。通过这次作业，学生可以找出自己与标准发音之间的差异，不断地自我纠正，克服因母语或地方口音带来的困扰。同时，笔者发现虽然第三种类型的英语绕口令较长，但是选择完成这一类型作业的学生占了很大的比例。从中可以看出，有趣的、学生能够自己选择的作业对培养学生的自信心是很有帮助的。

2. 利用网络环境促进师生协同合作

教师可以利用网络技术促进师生之间的协同合作，并有效地监管学生课后作业的完成情况。微信或QQ都可以通过手机登录操作，这为教师监督学生的课后作业带来了便利。例如，笔者在教授《新视野大学英语视听说教程（第二版）》（第四册）Unit 2 Beauty canbe bought 时，设计了一份小组课堂展示（Oral Presentation）的课后作业。此作业要求学生通过调查问卷的方式进行，调查问卷分为客观题（20~25题）和主观题（1~2题）两部分，客观题须使用李克特量表方法，并回收有效问卷至少30份。学生根据调查问卷的结果制作一份研究报告课件，报告时间控制在5分钟左右。每一阶段完成后，学生都需要及时将这一阶段的作业传给教师。教师根据作业情况给予反馈，完成此次作业总共需要3周。对于在完成作业过程中遇到的任何问题，学生都可以在QQ群里与教师直接沟通。例如，有的学生会问使用李克特量表方法，为什么设计的问题一定是陈述句？这说明学生并没有理解什么是李克特量表方法，也没有搜索相关信息。从这一问题，教师可知该生没有理解作业要求，也缺乏自学的主动性。再如，有的学生会问课堂展示时间可否延长至8~10分钟？因为他们试讲后发现时间严重不足。从这一问题，教师可知这部分学生的研究报告内容可能涉及范围较广，未能就某一点引发深入的思考，或是文案描写过于细致，缺乏归纳的能力。对于种种问题，教师都可以通过手机做出及时的反馈，并给出合理的建议。除了小组课堂展示作业，笔者还曾设计过小组录制微视频的作业。同样地，教师在此过程中仅仅充当引导者和学生是否达到小组要求等的监督者。学生作为完成作业的主体，需要进行多角色的扮演，并充分与组内其他成员进行沟通、交流才能共同完成此次作业。这个作业也是每个组员个性化的聚集。因此，教师参与学生的作业，不仅保证了作业的质量，还增进了师生之间的情感沟通。网络的便利正使得这种方式更及时、有效，课堂气氛也会随之变得活跃起来。

3. 利用网络环境辅助学生自主学习

大学生自主学习能力不足始终是影响大学生学习效果的关键因素之一。如何利用网络环境辅助学生自主学习是笔者认为值得思考的问题。同样以口语训练为例，缺乏英语学习情境是学生口头表达能力较差的主要原因。尽管互联网为学生提供了各种各样丰富的语音或视频资料，但是由于学生缺乏筛选和判断的能力，自学的效果不明显。这就需要教师设计不同难度的自学作业，帮助学生逐渐养成自主学习的习惯。例如，模仿被认为是最好的口语训练方式之一。笔者根据模仿的难易程度给学生布置了三种阶梯难度的作业。第一级：要求学生在听完某一短句或长句之后直接复述原句。第二级：要求学生在听完某一句子或段落后根据时态要求复述原句。第三级：要求学生在听完某一段落或短文后总结复述。同时，在完成以上要求后，学生可以不看原文，仅靠听进行复述。学生依然可以根据自己的口语水平选择适合自己的作业。一段时间后，教师将根据学生的作业情况，为学生安排下一等级的自主学习内容。

四、网络环境下大学英语视听说作业评价模式的革新

通常，课堂评价的主体是教师，学生很少有机会参与进来。互联网和手机的发展搭建了很好的平台。只要合理使用这些平台，这些平台就可以发挥出强大的功能。例如，上文提到的写一句定义的课堂作业，笔者根据学生的作业情况，从中选出10~15句立意新颖、表述清楚、没有语法错误的句子（均以匿名方式呈现），录入"问卷星"的投票工具。在下一节课之初，学生通过手机扫描二维码进行投票，票数排名前三位的学生可获得平时分的加分，并分享自己是如何完成这一定义的。在这一评价设计中，教师作为把关者，对提供的评价内容进行了筛选，保证了内容的质量；而学生作为评价的主体，积极参与评价环节，学生的表现是积极的、投入的、认真的；排名前三位的学生通过阐述如何写出这一定义句，表达了自己的写作思路，也锻炼了口语能力。

此外，利用网络将学生自评或互评的成绩纳入作业评价也是一种新鲜的尝试。很多大学生对自我缺乏独立的批判意识，只是习惯被动地接受教师的评价。笔者认为这是不利于学生的自我认知发展的。通过自评或互评，评判双方在认知上的差异就会显现出来，这些差异就是重新构建自我认知、不断发展完善的有效途径。例如，笔者给学生布置课堂展示作业时，会提供一份评分标准，以便学生了解教学要求。课堂展示作业开始前，教师已将评分标准表和细则录入"问卷星"，在每一小组课堂展示作业结束时，每一小组使用手机对自己所在小组和其他小组进行评分，并给出相应评语。所有的评分和评语都是公开的，可供所有学生随时查阅。选择利用网络而不是直接让学生进行口头评价的出发点是：①相较于面对面地指出对方的优缺点，网络环境下成长的一代更喜欢通过网络发表观点，而且

往往语言更加犀利；②学生查阅互评的结果是匿名的，即使有的语言过于有针对性，学生也不知道评价者是谁，能够保护学生免受情感伤害；③大学一年级和二年级的学生仍处于学习阶段，相较于近年来流行的慕课的学员，他们是缺乏阅历和经验的，面对面的口头评价获得的价值反馈并不高。

总之，不论利用何种网络技术让学生参与评价都与教学理念中倡导的以学生为主体（学生不仅是学习的主体，也是与评价的主体）的理念相符的；同时，在一定程度上体现了个别照顾和个性化的教学思想。

五、需要注意的问题与建议

不论是对大学英语视听说作业的创新设计还是评价，在实际操作中都会遇到这样或那样的问题，教师需要及时解决问题并不断反思，改进同类作业的再设计。但是，设计的初衷还是应当坚持的。

（一）紧跟时代发展，选材贴近学生生活，且不局限于教材的内容

笔者所教授的《新视野大学英语视听说综合教程》（第二版）已是多年前出版发行的教材，某些话题设计的练习内容相对比较陈旧，或是几套教材之间的部分话题有重叠性。这时，就需要教师补充适合的材料，激发学生的学习热情。例如，该教材第四册第七单元 What shall we do when there's nothing to do？（当没什么可做的时候我们该做什么？）的听力练习主要围绕室内和室外休闲运动展开，两篇内容都提及了旅游。这与之前的话题略有重复。笔者在之后的练习中发现有一篇听力材料说的是沉迷于网络或游戏的话题，于是就从这一切入点，与学生分享了"如何在游戏中学习英语""如何平衡网络世界与现实生活的关系"的通识教育话题。课堂的反馈十分理想，达到了笔者的预期。

（二）布置作业的目的除了用于检测学生的识记能力，更应当承担引导学生掌握一些学术研究能力的功能，并兼备实用性

例如，笔者布置的小组课堂展示作业需要学生完成三个阶段的作业，即设计调查问卷、发放回收统计结果、制作课件和课堂展示。设计调查问卷时，要求学生遵守的李克特量表方法是目前调查研究中使用最广泛的量表。在收集完数据后，学生还需要使用 SPSS 数据分析软件对结果进行统计分析。所有的这些过程，学生很可能在将来撰写毕业论文的时候再次经历。幸运的是，网络的发展已经不需要我们学会使用 SPSS 数据分析软件，有的网站已经提供了这项服务。第三阶段的课堂展示（口头报告）无疑是当今社会各类企业较为喜欢使用的一种成果展示形式，而将调查问卷分析与其相结合，笔者认为这是对学生今后工作的一种预演。

（三）评价形式多元化，评价设计标准化

无论是师生共同参与评价、学生自评或互评，都应该有一份非常明确的、细致的评价

设计。评价表应当同作业一起发送给学生，教师要做清晰的解释，让学生明确作业要求和评价标准，使学生可以根据评价标准规范自己或他人的作业，以便提高作业的质量。

（四）网络监管需要教师的坚持与投入，保证适当的监管频率

笔者认为，网络监督也是评价学生作业和学生进行自我反思的一种手段，只是这会占据教师额外的时间和精力，需要教师具备奉献精神。在实际操作中，笔者认为教师可以设置具体的时间段，不在某一时间段内的提问可以不予回答。

诚然，大学英语课程是高校传播通识教育的重要阵地之一。在大学英语通识教育过程中，要想设计一份优质的英语视听说作业或全面、客观的评价绝非易事，也需要教师更多的付出。互联网的发展在为我们提供便利的同时，也提供了更多的选择和挑战。如何利用互联网融入大学英语视听说作业的设计和评价是当代教师需要思考的问题。本节仅就笔者近几年的尝试提出了一些思考和建议，尚不完善，仍需要在实践中不断摸索、逐步改进。

第六章 大学英语视听说教学的实践应用

第一节 自然拼读在大学英语视听说教学中的应用

英语入门学习者会有不少困惑：怎么练习语音？怎么背单词？学什么样的英语？学习者只有有了大量精华的语料输入，地道完美的英语才能脱口而出。总而言之，英语的学习离不开大量的积累和练习，学习者要找对方法才能事半功倍，要持之以恒才能有所收获。

一、自然拼读的概念确定

自然拼读法也叫直接拼读法，在英语为母语的国家普遍使用。它通过建立字母及字母组合与发音的感知，从而达到快速识别单词的学习效果。自然拼读法既能够增加听力积累，还能够提高阅读能力甚至综合思维能力，所以，其适用对象并不局限于儿童，还可以推广到一切基础薄弱，尤其是语音意识薄弱的成年英语学习者。

二、关于自然拼读的文献综述

在中国知网（CNKI）输入关键词"自然拼读"，可以检索到 2005 年至 2017 年的论文数量；2005 年仅有一篇，是高敏发表在《山东师范大学外国语学报（基础英语教育）》上的《自然拼读在小学英语教学中的应用》，文章提到了自然拼读法对汉语拼音的正迁移作用，以及其在小学英语教学中的应用等问题；2009 年 10 月安顺学院学报上刊登了一篇《自然拼读法在艺术类院校英语教学中的实验》，作者为福州大学工艺美术学院的刘灵，这是将自然拼读法首次应用于艺术类院校大学英语教学中的实践，结论为自然拼读法完全可以在艺术类院校英语教学中应用，但是要结合大学生的实际情况进行适当改进。

从 2012 年开始，关于自然拼读的论文发表数量显著增加，其中更有硕士学位论文涉及自然拼读教学法，如广西师范大学的匡敏的《自然拼读教学法对学龄前儿童语音意识培养的实验研究》；另外，还有广西大学农婷婷关于《浸入式教学法模式下提高小学生英语学习效果的行动研究》一文，文章指出，使用自然拼读教程对初级阶段的学生进行系统的语音教学，学生在语音能力和词汇记忆两方面都有明显提高。

截至 2018 年，在中国知网上可以搜索到 2012 年至 2017 年关于自然拼读的论文数量：

2012年12篇，2篇硕士学位论文；2013年32篇，6篇硕士学位论文；2014年38篇，3篇硕士学位论文；2015年68篇，11篇硕士学位论文；2016年176篇，13篇硕士学位论文；2017年195篇，9篇硕士学位论文。

关于自然拼读的研究多集中在以下几方面：①自然拼读在小学英语教学中的应用研究，主要集中在语音、词汇、字母教学、口语、听力、流利阅读等方面；②自然拼读与国际音标或者汉语拼音的比较；③自然拼读对大学英语专业学生增加词汇量的作用，以及与他们拼读和听写的能力、课外阅读的作用；④自然拼读法在中国和美国小学英语教学中的应用比较；⑤自然拼读在初中英语教学中的应用主要集中在单词的学习；⑥自然拼读法应用误区；⑦自然拼读在高职高专教学中的应用；⑧培养学生的音素意识；⑨自然拼读法在小学英语教师语音培训中的应用；⑩汉语语境下儿童自然拼读法生态学习模式的有效建构，用到的理论就包括克拉申输入假设。很显然，对自然拼读研究的关注点仍然局限于中小学教学。

三、大学英语引入自然拼读的重要性

笔者在长期的一线教学中发现，为数不少的学生的语音基础薄弱，机械记忆单词，英语学习非常吃力。在讨论中，输出的也多是"中国式英语"。笔者在一项对大学一年级新生英语学习的调查中发现，很多学生对英语口语和听力的重要性没有足够的认识。他们面临的主要问题是：单词易读错；上课时音频只能听懂10%左右，视频完全听不懂；单词重音容易读错。很多学生对自己的口语没有信心，导致他们在课堂上经常保持沉默，不愿意参与课堂讨论。

第一学期末，笔者对学生进行口语测试，结果表明，学生的语音基础知识薄弱，已经严重影响他们的英语视听说学习的进度和效果。如果没有任何改变，他们的英语学习就只能停留在"哑巴英语"的阶段。

究其原因，学生在初高中阶段没有进行有效、系统的语音知识的学习和训练。因此，如何快速帮助大学一年级新生摆脱困境，在最短时间内扩充英语语音基础知识，帮助他们在英语学习方面，特别是在英语视听说学习方面取得更大的进步，这是摆在英语教师面前的一道难题。而要解决这一难题，自然拼读不失为一种较好的选择。

四、大学英语引入自然拼读的必要性

大学英语四级、六级考试对大学生的视听说能力提出了更高的要求。如果学生的语音基础薄弱，与更高要求的矛盾越来越突出。

2013年12月和2016年6月，大学英语四级、六级连续进行了改革，对听力能力，包括听音辨词能力、听新闻和讲座的能力，提出了更高的要求。只有掌握了必要的语音知识和听音辨音的能力，学生才能够正确地拼读单词，流畅地听取材料，精准地输出信息。

在一般情况下，听音辨音能力与学生本身的语音水平有着直接关联，听音辨音的能力强，学生的语音水平一般较高；同样的道理，学生的语音水平高，必然要求有较高的听音辨音能力，二者是相辅相成的。提高听力需要具备比较好的语音基础，这将促使学生和教师将语音教学放在一个相当重要的位置上，进而可以改变学生的语音及语音教学的状况。

另外，语音的正确性关系到交流的可理解性和有效性。在实际教学实践中，学生的英语水平存在较大差异。有些学生通过学校或家庭的努力，在高中阶段已经具有了较为扎实的语音基础，有较高的听力水平。所以，大学课堂不宜进行统一的语音知识的学习。如果忽略了部分学生语音知识的补充，则会对他们今后的学习造成更大的障碍。

基于现状，在大学英语视听说教学中，对部分语音基础薄弱的学生适当开小灶，增加自然拼读的介绍和培训，就显得很有必要。首先，它可以帮助语音基础知识薄弱的学生扫除英语视听说学习的障碍；其次，学生如果熟知英语拼写与读音之间的关系，则可大大降低英语视听说学习过程中辨词的难度。这就意味着学生掌握自然拼读，对增加词汇量有积极作用，同时也可有效地培养语感，进而提高英语视听说能力。相较国际音标，自然拼读是一种更为简洁、有效的发音系统，可以帮助大学生较快实现扫除发音障碍的目的，同时能够提高学生的听力等能力，激发学生学以致用的成就感。

引入自然拼读对大学英语教学极为重要。但是，目前国内对自然拼读在大学阶段的研究还处于起步阶段；同时，大部分教师对自然拼读比较陌生。因此，如何将自然拼读引入大学英语教学和课堂，仍需广大一线教师和英语教学研究者进一步探讨。

第二节　基于问题学习的教学法在大学英语视听说教学中的应用

基于问题学习（problem-based learning，简称PBL）的教学法是在20世纪60年代由美国的巴罗斯（Barrows）创立的一种自主学习模式。他倡导把学习设置于复杂、有意义的问题情境中，让学生解决问题，最终培养学生自主学习、终身学习的能力。近年来，基于问题学习的教学法在许多课程教学中得到广泛应用。英语教师可以将这种教学法应用于大学英语视听说教学中。实践表明：基于问题学习的教学法的应用使得学生在知识学习过程中主动地从视听说内容中获得知识，并进一步提高了口语技能和思辨能力，有效地提高了学生的学习积极性。与传统教学法相比较发现，基于问题学习的教学法为学生营造了一个轻松、积极、主动、有目的性的学习氛围，使学生能够自主、积极地学习。因此，基于问题学习的教学法将会在很大程度上提高大学英语视听说课程的有效性。

在大学生英语视听说教学中合理地引入了基于问题学习的教学法，具体实践过程如下：

一、任课教师的课前准备——针对学生视听说学习提出问题

教师根据学生的视听说学习提出问题,在此基础上,指导学生带着问题进行思考,为正式开展视听说教学做好准备。在基于问题学习的教学中,教学内容的设计给学生提出恰当的学习问题是最重要的环节。它是教学过程的关键。教师提出的问题应该有一定的难度,需要学生查阅资料,在认真思考和研究后才能得出答案。例如,在进行《新世纪大学英语》视听说教程第二册第三单元"Let's Eat!"(让我们吃饭吧!)教学前,教师可以让学生在课前收集食物的英语词汇,如水果、蔬菜、甜食及中西方代表性食品的英语表达;搜索关于食物口味、质地、特征的英语单词;并写下一篇口语稿子,描述一种他最喜欢的食物,并将之前找到的英语词汇用上,促使学生将被动词汇转为积极词汇。

二、学生的课前准备——查阅资料

资料查阅时,学生可根据各自感兴趣的问题自行分组。各组学生带着问题在课下查阅相关资料,充分利用现有的参考资料。学生通过互联网等方式收集资料,对教师提出的问题进行解答,并进行整理分类。在这一阶段,教师既要鼓励学生进行独立思考,又要在适当的时候给予学生帮助,让学生做好准备,以便学生能在课堂环节积极、主动地参与英语视听说教学整个过程。

三、教师进行课堂引导

学生在进行了充分的课前自学后,对食品词汇有了一定的储备,并进行了口语练习后,就可以进入教师的课堂引导环节。通过对教材听力材料的泛听和精听,学生学会了教材中对食品的材质和口味进行描述,也学会了常用的表达方式和句型。学生能将在课前准备的词汇与在课堂上所学的句型结合起来描述食物,将初高中的英语表达提升到大学英语所要求的层次。这样,学生就可以从视听说内容中获得相关知识,提高自己的视听说的能力,为课堂上的分小组讨论做好准备。

四、学生小组讨论

在课堂上,小组学习是大学英语视听说课堂有效的学习形式。第一环节,学生通过组内讨论,将在课前收集好的词汇进行汇总,以扩大词汇量,并实现组内成员间的学习互补。之后,每个小组选出一位代表,通过课件展示小组讨论的结果。其他小组可以对之前小组的学习成果进行补充,以实现组间学习成果的互补。第二环节,练习口语环节,教师引导学生以"What is your favorite food?"(你最喜欢的食物是什么?)为主题进行口语活动。小组成员可以在课前准备好的口语稿的基础上对新知识进行融合。教师通过到观察,指导

学生正确应用英语进行交流。第三环节，小组将组员单独的口语片段整合为一个口语音频或视频，可以以访谈节目的形式，预先设置好访谈节目的情景。其中，一名学生为主持人，其他学生为嘉宾，以整体形式呈现中国或世界多样化的饮食文化。在讨论过程中，学生自主发现问题、解决问题，从而对上讲台展示充满了表现欲，对世界及中国饮食文化充满新鲜感和求知欲。

五、教师的点评总结

基于问题学习的教学法课堂教学的最后一个环节就是教师对学生口语活动的点评，这是基于问题学习的教学法的点睛之笔。教师在学生的课堂口语展示环节要做好笔记，详细记录学生在整体构思、句型应用、词汇使用上的优缺点，为这一阶段做好准备。点评时，教师要肯定学生的进步，同时要具体指出其不足之处。通过教师对学生的评价和总结，学生得到了口语练习的及时反馈，可以通过进一步学习提高自主学习能力。

第三节 微课视角下翻转课堂在大学英语视听说教学中的应用

随着科学技术的迅猛发展，在线学习不断普及。学习方式的变革不仅使人们的生活变得更加便捷，也使教育手段得到更新和优化。基于微课进行的大学英语教学应运而生，并被广泛应用于大学英语视听说教学中。这一新兴授课方式的应用对提高大学英语视听说教学质量起到了重要作用。

一、微课与翻转课堂的内涵

（一）微课

微课的雏形可追溯到1993年美国北爱荷华大学Leroy A.McGrew教授提出的60秒课程（60-Second Course）。2008年秋，墨西哥州圣胡安学院的高级教学设计师、学院在线服务经理戴维·彭罗斯（David Penrose）首次提出Micro-Lecture（微型讲座）的概念。随后，我国的很多学者开始了对这一理念的阐释和探索。2010年，胡铁生老师指出，"微课"是按照新课程标准和教学实践要求，以教学视频为主要载体，反映教师在课堂教学过程中针对某个知识点（或教学环节）而展开教与学活动的各种教学资源的有机结合。

（二）翻转课堂

翻转课堂（Flipped Classroom）最早由美国两名高中教师乔纳森·伯格曼（Jonathan

Bergmann）和亚伦·萨姆斯（Aaron Sams）提出并实践。然而，其真正得到学术界关注和认可是由萨尔曼·可汗（Salman Khan）在2011年的演讲"用视频重塑教育"实现的。翻转课堂是指在信息化环境中，学生通过教师提供的视频资源完成自主学习，同时教师对学生进行有针对性的辅导，让学生完成学习内容的内化过程。翻转课堂遵循以学生为中心的教育理念，它的出现改变了在传统课堂上学生缺乏主动性的局面，对教育信息化进程起到了推动作用。

二、微课视角下翻转课堂教学模式的特点

（一）课内任务学习向课外微课自主学习转变

在大学英语翻转课堂上，微课能够对英语教学的某个知识点进行详尽的讲解，不同于教师的课堂教学。学生如果没有听到或听懂教师的讲解，就会略过某个知识点，而微课教学可以满足学生的学习需求。学生可以在课外完成预习，也可以在对某个知识点理解不够清晰、不够透彻时重新观看微课视频，从而巩固知识点。学生由被动学习向自主学习转变，从而达到知识内化和有效学习的目的。

（二）学习载体从教材向微课视频转变

在传统大学英语视听说教学中，教材是重要载体；在微课视角下的翻转课堂教学中，微课视频是重要载体。针对大学英语视听说教学目标，教师可以选择内容丰富的教学视频，也可以针对学生感兴趣的话题制作生动、有趣的教学视频。在制作微课视频过程中，可以插入一些音乐、动画等，从而激发学生自主学习的兴趣。在大学英语视听说教学中，由于学生的学习基础和能力差别很大，学生可以选择符合自己英语视听说能力的微课视频资源进行自主学习。

（三）师生角色转变

在以学生为中心的大学英语视听说翻转课堂上，学生转变成知识的主动接受者，而教师由知识传授者向积极的引导者角色转变。学生在课外通过微课视频进行自主学习，将重点、难点带回到大学英语视听说课堂上。教师作为组织者、协助者，帮助学生解决在微课视频学习中遇到的重点和难点问题。通过翻转课堂教学模式，授课教师把以学生为中心的教学理念贯穿大学英语视听说教学全过程，从而培养学生发现问题、分析问题和解决问题的能力。

三、微课视角下大学英语视听说教学翻转课堂设计

（一）课前微视频学习

1. 制作和选择微视频

教师一般根据教学大纲制作与教学内容相关的微视频；在分层教学的情况下，也可以

根据不同学生的英语视听说水平制作微视频。微视频的录制时间长度应在20分钟以内。针对学习基础较好的学生，可以录制较长、内容较难的微视频；针对英语视听说能力较差的学生，则应录制时长较短、教学内容基本吻合教学大纲的微视频。录制视频材料应该遵循认真负责、设计精巧、内容完整的原则，视频内容可以用配音、动画、视频、直接讲述等方式展示。教师也可以在遵循有说服力、针对性强、生动形象的原则基础上，选择视频库中现成的微视频材料。

2. 自主学习微视频

在大学英语视听说教学中，教师应运用翻转课堂的微视频教学培养学生的语言"输入"能力，同时通过口语教学培养学生的语言"输出"能力。完成教学视频后，教师通过QQ、微信、微博、在线教学平台等传给学生，学生接收视频并进行课外自主学习。在学习过程中，英语视听说能力较差的学生可以进行小组讨论合作学习，针对微视频中出现的重点、难点进行反复观看、讨论。英语水平较高的学生可以单独进行微视频学习，实现个性化学习。对于听力视频中的生僻词汇以及大学英语四级、六级考试中出现的高频词汇，学生可以通过查找电子词典等方式，理解、掌握这类单词和词组；对于新闻、讲座等一些较难的听力视频，学生可以小组的方式进行听力训练，共同探讨微课视频听力理解中出现的问题。

（二）微视频课上学习

在大学英语听力教学中，教师应根据学生的英语视听说水平要求学生复习微视频翻转教学中的重点和难点，同时对微视频中出现的重点、难点问题进行解答。学生在理解和掌握微课听力材料后，对所学的内容进行梳理和总结。同时，教师总结以微课视频为基础的翻转课堂中学生的参与度以及如何提高学生的自主学习能力等问题。大学英语口语翻转课堂教学重视学生的语言输出能力，这与口语教学目标相吻合。在学生进行口语翻转学习过程中，教师应根据学生的口语应用能力将学生分成若干个英语自主学习小组。每个小组通过互动展示学习成果。在小组成果展示之前，教师可以对学生进行个别辅导，对学生的英语表达方式、句法词汇和语音、语调进行纠正，了解每个学习小组学生的情况，引导学生进行翻转课堂教学模式下的英语知识内化学习。最后，教师应该对每个小组的汇报成果进行教学总结，并要求合作能力强且个人英语视听说能力好的学习小组进行课堂展示，从而取得示范的效果。

基于微课的大学英语视听说教学翻转模式改变了传统的大学英语教学理念，在学习形式、载体、方法等方面有独特优势，凸显了学生的主体地位。大学英语翻转教学既培养了学生互动配合学习的能力，也提高了学生的自主学习能力。不同英语视听说水平的学生可以学习需求自行分配和调整学习时间、选择学习地点，体现了大学英语个性化教学的需要。教师应结合不同学生的特点设计出适合学生需求的大学英语视听说教学翻转课堂，进一步提高学生的英语视听说能力。

第四节　原版英文电影在大学英语视听说教学中的应用

英语学科对于我国学生来说有很大难度，尤其是如何说和听这两个环节。对于大学阶段英语学科来说，在英语视听说课堂上，教师如果只是按照教科书中的内容来讲解，就会出现很多问题，很难得到理想结果。而如果教师应用相应的原版英文电影（简称为"TOOEM"，即英文 The original of English movies 的缩写），就正好可以解决这些问题，让学生在看的同时进行学习。本节将从视听说课堂之中运用"TOOEM"的正面作用对运用方法进行合理思考，提升大学英语学科视听说课堂的效果和效率。

大学阶段英语学科，主要就是将学生的说、听、写等相应英语素质进行大幅度提升，但是说和听这两个环节的教学工作很难取得理想结果，其主要原因就是教师只是讲解教科书中的内容，让学生背诵所谓的"模板"。还有一些教师随便讲解，只看学生考试的成绩，这样并不能达到大学英语学科的教学要求。英语老师需要思考解决的方法，而运用"TOOEM"可以得到理想的结果。

一、在大学英语视听说教学中运用"TOOEM"具有重要的正面作用

在"TOOEM"中，读音是非常标准的，其中很多英语的词、句等使用得非常普遍，很多故事非常有可读性。教师在英语视听说教学内容中加入对应的"TOOEM"具有重要的正面作用。一方面，可以使学生在很短的时间内进入思考的状态。在看的时候，学生会有"有趣"的感觉。在一段时间的积累之后，他们会想要去说，由此愿意学习说英语和听英语。另一方面，英语在说的过程中，需要考量"规范"，而且必须根据国外的真正情况来使用词、字。但是，如果只用教科书之中的内容来讲解，那么学生并不能很好地把握这个问题。"TOOEM"中的很多故事都是"真实"的，学生学习其中的谈话方法、规则等，有利于提升自己的英语整体素质。

二、在大学英语视听说教学中运用"TOOEM"的方法思考

明确在大学英语视听说教学中运用"TOOEM"的正面作用之后，教师就要思考如何来运用，主要应从下面几方面来进行思考：

1. 选择可以达到理想效果的"TOOEM"

从互联网上可以搜索到很多"TOOEM"，其类别非常多，如玄幻电影、恐怖电影、故事电影、科技电影、动作电影等。教师不能随便选择一个就让学生来看，并不是每一个电

影都可以运用在课堂之上。教师必须选择可以达到理想教学效果的"TOOEM"。一方面，教师需要对教科书的内容予以整合，以此把握每一章的真正教学要求，以此来确定选择哪个类别的"TOOEM"；还需要考量学生的真正需要，包括他们的爱好，不一定要让学生马上就观看。另一方面，教师需要考量"TOOEM"之中的人虽然是用英语来谈话，但是并不都是"规范"的读音或者语法、单词等。比如《窈窕淑女》之中，女主角刚开始使用的就是方言。教师不能选择这一类别的电影来让学生练习或者是学习。这里需要强调的是，如果运用"TOOEM"来让学生说和听，也可以只选其中的一个"段"。

2. 运用"TOOEM"进行实际练习

教师做好"TOOEM"的选择环节之后，还需要让学生进行实际练习，不能让他们只是在看，所以教师需要对运用"TOOEM"的方法予以提升并进行"创造"。教师可以在播放"TOOEM"之后，与学生一起"谈话"，比如让学生了解其中的单词、语法等。如《功夫熊猫》之中的"One meets its destiny on the road he takes to avoid it."（往往在逃避命运的路上，却与之不期而遇。）"There are no accidents."（存在即合理。）这两句格言，包括"不期而遇"这个成语的英文。又如《当幸福来敲门》中的"You have a dream, you got to protect it."（如果你有梦想，就坚持下去。）"You want something, go get it."（有了目标就要全力以赴。）这两句台词。另外，教师也可以让学生用电影的台词来演小品等，以使得他们的说和听整体的能力有一个提升。

3. 设置相应作业

除了上面两点之外，教师还要布置相应作业，以让学生有一个记忆的过程，让他们可以熟练地用英语"说"或者是听懂他人的话语。作业的内容可以有很多，比如教师可以让学生用英语将"TOOEM"的内容接着写下去，拓展故事内容，当然也可以让学生写"观后感"。

总之，教师在视听说课堂之中运用"TOOEM"，具有重要的积极作用。教师必须仔细思考，找到正确的方法进行运用。这里需要强调一点，选择的"TOOEM"不能表现"不良"信息，尤其是性、暴力等，对运用的效果要予以保证。

第五节 产出导向法在大学英语视听说教学中的应用

在全新的教育大环境下，教育领域对英语学科提出全新要求。英语教师需要本着素质理念，重点加强大学生英语素质建设。视听说是英语学科的重点模块，教师需要采取有效策略重点培养学生视听说实践能力。英语教师应该正确看待产出导向教学模式，并以其为载体，对英语课程教学模式进行创新。

一、产出导向法教学概述

产出导向法是一种全新的教学理念，具体是指采用即学即用的教学手段，引导学生在学习的过程中合理地利用知识解决实践问题，从而促进知识的内化与吸收。在通常情况下，首先，教师需要根据课程目标合理输出学习任务，让学生对学习目标和方向加以明确。其次，教师需要引导学生以自主探究和实践探索的方式展开学习，让学生在学习和实践的过程中，深入掌握课程内涵，从而实现有效学习。最后，教师需要根据学生的应用情况分析和判断学生的学习水平，在此基础上，对课程教学体系做出创新和调整，从而保证课堂教学更加有效。

二、产出导向法在大学英语视听说教学中的意义分析

与传统的灌输式教学模式不同，产出导向教学模式在理念支撑和方法方面都具有一定创新性，在大学阶段的英语听力教学中所呈现的效果十分显著。首先，能够实现对学生自主学习意识的有效培养，让学生清楚地意识到自己在视听说教学中所具有的主体作用。其次，学生以更加端正、认真的态度参与课程学习。再次，产出导向学习能够实现动态课堂气氛有效构建，促使视听说课堂呈现全新面貌，从而激发学生对视听说课程的兴趣。最后，产出导向教学能够让学生清楚地认识到自己在视听说方面存在的不足，在今后的课程学习过程中能够有针对性地对学习方法和策略做出改变，从而不断提高英语视听说水平。由此可见，在大学英语教学领域，教师合理借助产出导向模式展开视听说教学具有重要作用和意义。

三、产出导向法下大学英语视听说教学体系结构分析

（一）输出驱动

输出驱动在大学英语产出导向体系中占据着主导地位。在该环节，教师需要将教学步骤分为三个层次，即设计场景、学生自主活动和说明教学任务。首先，教师需要结合视听说课程内容以及学生的具体兴趣需求，构建比较直观、真实的英语情境，为学生营造良好的学习环境。其次，教师需要鼓励学生以自主的方式展开学习，引导学生自主选择产出方式，并在自主学习的过程中强化掌握产出技能。

（二）输入促成

在上一阶段完成之后，教师需要合理安排输入促成教学环节，也就是产出导向教学体系的第二模块。教师需要参照上一阶段学生的学习表现，分析学生视听说水平；并以此为依据，合理设计视听说课程问题或者学习任务。之后，教学需要再一次鼓励学生在主观能动意识支撑下，自主参与视听说课程学习活动。在此过程中，教师需要注重视听说素材的

创新与选择，最好能够联系大学生的生活实际以及未来职场英语技能需求，丰富视听说素材类型和内容，为学生提供丰富的学习空间。

（三）产出评价

产出评价是产出导向教学体系的最后阶段，具体是指教师根据学生的综合学习表现做出总结性的评价，从而让学生意识到自己在英语视听说过程中存在的缺陷；并结合学生具体学习表现给予一定指导，进一步规范学生视听说学习的方法和策略，从而保证学生的视听说学习更加高效。

四、基于产出导向法的英语视听说教学的综合实践分析

（一）构建英语交际情境

在大学英语视听说教学活动中，教师为了顺利贯彻产出导向教学模式，需要做好交际情境的规划设置。首先，在构建情境之前，教师需要做好对视听说教材的钻研工作，清楚了解课程目标；并且，通过师生互动交流，对学生在视听说课程方面的具体兴趣需求加以了解，以此为依据合理发掘情境素材，构建富有趣味性和生动性的交际情境。在通常情况下，教师会以多媒体为辅助工具，对课堂情境进行合理构建，从而为学生营造良好的学习环境。比如，在英语课堂上，教师在围绕 Traces of the past（过去的痕迹）展开课堂教学时，需要合理设计交际情境。教师可以利用多媒体，为学生呈现部分语音片段。在为学生展示以 Traces of the past 为主题的交际情境，如"I spent a relatively relaxing weekend.On Saturday，I first went shopping with my friend Xiaohong.Later，we went to the movies，ate KFC，and finally went home to watch TV and went to sleep."（我度过了一个相对轻松的周末。周六，我和好朋友小红先是去购物。然后，我们看了电影，吃了肯德基。最后，我们回家看过电视后就去睡觉了。）之后，教师可以引导学生根据课堂情境，联系生活实际，思考自己做过的事情。

（二）鼓励学生自主参与交际训练

在情境设置完成之后，教师要鼓励学生自主参与交际训练活动，让学生勇敢表达，从而实现英语技能的实践训练应用。为了保证训练效果更加理想，教师通常会鼓励学生以合作的方式参与视听说训练，而小组合作比较常见。首先，教师需要合理划分小组。在分配之前，教师要通过多种渠道了解学生的视听说实践技能，如随堂测试、课堂提问、师生互动等。然后，小组通过合作的方式进行课堂动态交流和互动。在此过程中，教师需要做好辅助和引导的工作，并适当提问部分学生，了解学生对此部分视听说训练活动相关知识、技巧的掌握情况。又如，有学生表示"I went to the hospital with my mother to check my body last Saturday."（上周六，我和妈妈一起去医院检查我的身体。）通过课堂互动与交流，能够让学生正确掌握英语交流技巧，同时也能够进一步增强学生英语表达的自信心。除此

之外，教师需要充分发挥辅助和引导的作用，对学生英语视听说情况进行考核和总结，从而保证英语视听说教学更加有效。

（三）遵循个体需求，明确产出任务

在学生自主交际训练完成之后，教师需要为学生提供一段听力视频。在视频中，主要呈现两男两女在上周末的活动情况。学生在听的过程中，需要对关键性的英语单词做好记录，同时也需要认真分析听力材料所包含的口语知识和技巧，如 I mean（我的意思是）、basically（大体上）等词汇的使用。此部分的听力训练能够让学生正确认识自己的视听说水平，从而能够认真对待接下来的视听说课程。同时，教师在设定产出任务的过程中，需要充分了解学生的个体需求，要根据学生的实际水平分层设计产出任务，确保学生能够有效地参与视听说训练活动，保证课堂教学更加均衡。比如，教师可以引导学生对听力材料中的专有名词、一些特有的建筑物词汇等进行重点关注，重点梳理英语视听说材料中的语言结构。

（四）设置以听促说活动，夯实记忆

在英语视听说教学活动中，教师需要合理设置以听促说活动，引导学生加强英语口语训练，通过提高学生的英语口语表达技能，实现对学生英语听力思维能力的强化训练，从而保证学生所掌握的视听说技能更具有系统性和实践性。首先，教师需要结合学生的实际需求，提供合适的英语听力材料。教师可以借助信息技术，构建英语听力视频资源中心，为学生提供丰富的学习素材。学生也可以随时随地地利用视频资源就听力材料展开自主学习，从而保证听力学习更加自主和高效。其次，教师要鼓励学生积极地参与各种英语口语表达和训练活动，在平时勇敢地用英语表达，从而积累英语口语交际经验，夯实英语基础，为提高听力水平奠定良好的知识储备基础和素质基础。比如，教师可以为学生提供一定的情境，通过多媒体向学生展示具体的图片，在图片中呈现主人公所在场景和所做的事情。之后，教师要引导学生看图说话，根据自己对图片的理解组织语言，用英语诠释图片中的内容，从而循序渐进地培养英语思维逻辑能力。

（五）做好英语交际口语任务展示与训练

在利用产出导向模式展开视听说课堂教学时，教师需要做好口语展示和训练活动，为学生提供丰富的训练平台，鼓励学生积极地参与口语展示活动；让学生在展示过程中，建立起英语交际的自信心。首先，教师可以鼓励学生对英语听力材料进行自主总结和阐述，让学生用简洁的语言叙述材料的内容，从而加深学生对英语材料的认知和理解程度，保证学生的英语学习更加高效。其次，教师还可以组织英语角、英语演讲等多种活动，鼓励学生自主参与英语视听说训练活动，从而为英语表达积累经验。

（六）构建英语口语产出评价体系

在英语视听说教学中，教师为合理贯彻产出导向教学模式，需要对教学评价体系进行

创新和优化。教师需要端正评价理念，在展开评价工作中需要以学生为主体，根据学生的主观学习体验和需求对评价内容和方法进行创新。教师需要明确评价类型，根据实际教学情况分别开展针对性和补救性教学评价。教师需要根据不同学生在视听说产出训练中的表现给予其有针对性的评价，从而让学生对自己的学习表现形成正确的认知。教师需要对学生的学习缺陷给予指导和评价，以便学生能够有效地改进学习方法，提高英语视听说学习效率。

综上，对于大学生来讲，英语是一门重要学科。在英语学科中，视听说占据重点模块，也是决定学生英语素质建设的关键。为保证英语视听说教学更加有效，教师需要重视教学方法的合理创新。产出导向教学模式能够构建全新的英语视听说学习环境，让学生懂得学以致用，全面提高大学生的英语视听说实践能力。

第六节　大学英语视听说教学中英语语音知识的运用

本节基于对大学英语视听说教学中英语语音知识的运用研究，分析在大学英语视听说教学中，利用英语语音知识可以提高学生的听力水平和语言的流利度，对学生而言具有重要作用。为更好地提高学生的英语水平，在大学英语视听说教学中可以利用英语语音知识，进行口语融入教学方法和语音跟读等教学。

在我国经济快速发展、经济全球化的背景下，国家之间的联系越来越紧密，国际合作越来越频繁，而国际的交流合作会让英语的使用更加广泛。在我国，因为受应试教育的影响，学生的英语口语能力过低，不乏大学英语四级、六级已经通过的学生，虽然他们可以熟练掌握英语的理论知识，但是还是无法利用英语进行正常交流，这是我国高校中普遍存在的现象。所以，在各高校英语视听说教学中，教师要善于利用英语语音知识向学生授课，这样可以有效地提升学生的英语口语水平。

一、大学英语视听说教学中英语语音知识的重要性

（一）提高学生的听力水平

大学英语教学的目的就是对学生之前所学知识进行进一步深化，从而保证学生拥有较高的英语技能，使学生可以将所学知识熟练地应用到实际生活中。学生要想提高英语能力，除了要拥有较强的理论知识外，还要具备较强的听力和发音的专业技能。英语听力主要考查的是学生对单词的听觉形象，语音则是单词形成的关键环节。如果学生的发音准确，那么其听力能力自然较高。学生如果想要在实际交流过程中理解别人说的话或是想要被其他人理解，就需要熟练掌握基本的语音知识。学生英语的发音对听力有着重要影响。如果学生的发音已经存在问题，那么在进行英语交流时就会造成许多误会，其

听力水平也就无法提高。在大学视听说教学中运用英语语音知识，能提高学生的发音水平和听力水平。

（二）提高学生的语言流利度

在大学英语课堂上存在一个普遍现象，学生在进行英语课文朗读时，不能将文章流利地朗读下来，每当遇到稍有难度的单词就会出现卡顿现象，整篇文章读下来断断续续，就像是在读多个英语单词。产生这一问题的主要原因是学生对英语语音的感知存在不足，缺少一定的感知能力。在大学课堂上还是有很多学生不能熟练地掌握英语音标的正确读法，不知道怎样对音节进行划分，对很多基础知识都没有完全掌握。这样，他们在利用英语进行交流时就会出现很多问题。在大学英语视听说教学中，教师要利用英语语音知识纠正学生的发音，提高学生的感知能力，有效地提高学生语言的流畅度。

二、大学英语视听说中利用英语语音知识的教学途径

（一）采用口语融入教学方法

英语语音包含音标的发音，以及在实际交流中，英语口语的停顿、语调等音色。英语语言的表达并不是将音标进行简单的排序，每一种语言都会有其独特的情感，而这样的情感多体现在说话时的停顿、音色、语调等方面。在大学英语视听说教学中，已经在很早之前就强调英语语音和口语的融入。只有通过长时间的口语训练，学习者才能正确发音和拥有良好的语感。

以汉语学习为例，孩子在刚学会说话时，并不能将每个字都准确发音。随着孩子的逐渐成长，孩子在生活中不断地利用口语进行交流，也会对自己的语句、词语的发音进行纠正，最终形成正确的发音。同理得知，以英语为母语的孩子在语言学习中，也会遇到同样的问题。如果将这一规律应用在英语视听说教学中，使学生认识到口语的重要性，学生就能够在交流、学习过程中纠正自己的发音。

学习者想要学好英语，最好的办法就是去以英语为母语的国家去学习。在那里，每个人都用标准的发音进行对话，拥有良好的语言环境，学习者的英语水平可以得到飞速提升。我国的大学英语视听说教学缺少这样的氛围，但是教师可以为学生创造这样的语言环境，将英语口语融入教学当中，从而为学生创造一个良好的口语交流环境。在课堂上，教师还可以采用情景教学法，设置口语题目，将学生分成小组，小组合作进行口语题目训练。教师采用这样的方式让学生进行训练，能够使学生在彼此交流中纠正自己的发音，提高自己的口语水平，最后形成一套准确的发音体系。

（二）采用语音跟读的教学方法

英语口语与听力相辅相成，听力是提高口语能力的前提，听力水平的高低会影响口语水平。将英语口语与听力有机结合，可以提高学生的听力水平，还可以提升学生的口

语水平。而将英语口语和听力有机结合最有效的方式就是对英语朗读资料进行跟读。

在选择跟读资料时，学生要选择以英语为母语的资料，因为这样的朗读材料发音更加标准。学生的英语口语水平是在不断进步的，所以学生要选择年份较近的朗读材料。在选择跟读资料时，学生要结合自己的实际情况，选择适合自己发展的资料，尽可能选择口语化的朗读资料。

学生通过对朗读材料的跟读，可以从中学习正宗的发音、语调、语气、停顿等。通过对不同的材料跟读，学生可以通过模仿逐渐形成一套准确的发音体系。英语口语和听力的结合练习能有效地提高学生的听力水平和口语水平。科学技术的不断发展对跟读方式也进行了创新。利用计算机技术，学生可以进行人际沟通或者在线与外教老师交流。这种学习方式不仅可以调动学生学习的积极性，还可以提高学生自主学习的能力，从而提高学生的英语专业水平。

综上所述，英语语音知识在大学英语视听说教学中有着重要作用，教师要利用好这一方式为学生带来更加专业的英语视听说课堂。学生想要英语水平得以提升并不是一日之功，除了要对英语的理论知识进行熟练掌握之外，还要进行长期训练，尤其是口语训练和听力训练。英语口语和听力相辅相成、相互影响。学生经常进行听力训练，口语水平自然而然也就能得以提升。教师也要运用英语语音知识对学生的发音等进行及时纠正，从而提高学生的英语水平。

第七节 教学支架在大学英语视听说教学中的应用

英语视听说教学是大学英语教学中比较重要的一部分。学生的视听说水平与他们的英语应用能力有着非常紧密的联系。但是，在实际的教学中可以发现，学生的听力水平普遍都比较低。因此，教师可以合理化地应用教学支架，要全面和系统地为学生构建一个理想化的支架，进而发挥教师的指导作用，调动学生在英语课堂上的积极性，为他们日后的学习和工作提供基础。

一、教学支架的基本概念

"支架"理论最开始是建筑方面的知识。随着时代的发展，研究者逐渐开始将这种支架式的教学模式应用到大学英语课堂中。教师可以在短时间内调节与协助学生学习。学生在这个过程中，不能只是被动式地去接受一些信息和知识，而是应该对事物有一个自己的理解，并将自己理解的意思与情境中的经验完美地结合在一起。

二、教学支架在大学英语视听说教学中的应用实践

（一）准备阶段，搭建教学支架

在开始准备的时候，教师应该对学生有一个大致的了解，这样才可以构建一个比较合理化的语言支架。尤其是在信息化时代下，教师可以提前制做一些与课本词汇、语法等相关的课件；然后将这些课件转交给学生，让学生5~8人一组，通过小组的方式来合作学习，通过查字典、利用互联网等多种方式学习和了解这些单词和语法的基本特点。在课堂教学时，教师也要预留下一些时间，让各组学生可以提前就有一个准备，如背诵句子、情境演示等。例如，在以"Travel(旅行)"为主题的视听说教学中，教师可以提前布置一些任务。学生在预习完成之后，要说出与"Travel"相关的单词或者是短语；然后，在现有的单词上进行扩展，并将两者结合在一起，这样就可以形成一个比较连贯的知识体系。同时，教师要根据教材中的文化知识，利用与课本内容相关的英语影视材料来传授相应的文化知识。这样，学生在具备了一定知识基础之后，就可以比较轻松地完成这个单元的听力任务。

（二）学习阶段，以听带说

话语的能力实际上是在不知不觉中产生的。"听"对于语言来说，既是一种输入，也是一种输出。因此，听与说在大学生英语教学中拥有对等的作用。教师在开展课堂教学工作的时候，就可以采用以听带说的方式，让学生在已经提前预习好的基础上，通过听，来进一步吸收相关的英语知识，然后从中建立一个系统性的框架，这样也可以提高说的质量。为了保证教学工作的顺利进行，教师可以组织一些有效、生动的课堂活动，让学生在其中自由地扮演一些角色。例如，在课堂教学中，如果是以小组的形式来开展相应的教学工作的，那么教师就应该充当一个指路人的角色。如果是以即兴讲话的方式开展教学的，那么教师就可以是一个角色或评委。在学生的学习阶段，教师应该是这个活动的设计者和组织者。教师要将英语知识连成一个知识体系，将听力教学放置在一个比较连贯的英语教学过程中，进而逐渐提高学生的英语视听说水平。

（三）讨论阶段，实践探讨

在新型教学模式下，大学英语视听说教学可以分为两个部分，一个是课上的自主学习，另一个是课下的自主学习。在课堂上，学生可以利用一些多媒体的配套设施，在教师布置的任务之下完成相应的工作。在课下，学生可以利用课件来自主地完成一些学习，如收听英语广播和观看英语电影等。在自主讨论阶段，教师所要做的就是提供一些有效的学习策略，并对学生的学习情况进行监督。针对不同的英语视听说任务，教师应该对学习策略和认知策略有一个系统的概括，这样才能将这些策略熟练地应用到教学中，帮助学生进行听力理解，并使学生能将所学知识应用到实际的交往中。教师要注意的是，讨论教学与自主性教学之间存在着一定的差异性，需要对学生进行必要的监督和培训，可

以采用的方式有口语测试和辅助教学等。最后，教师还可以设计一些唱英语歌的活动，这样不仅可以激发学生的学习兴趣，更可以提高学生的辨音能力，同时对于学生的口语表达也具有积极的作用。

（四）评价阶段，积极反馈

教学评估在大学英语视听说教学中具有非常重要的作用。一个全面且客观的评价机制对于实现课堂目标具有积极的作用，既是教师获取教学信息的主要途径，又是保证教学质量的重要依据。教师可以采用过程性评估的方式，以学生自主学习为出发点，让学生相互进行评估和判断，并结合教师和教务部门的评价来进行一个综合性的评判。由于教学支架搭建的时间比较短暂，教师在比较有限的时间内准备一些个性化的支架式教学是比较困难的。而教师的反馈和评价具备激励的作用，能够帮助学生强化自身的口语能力，促进语言的产出。在这种情形下，教师就可以将学生分为几个小组，从这几个小组中挑选出一个课代表出来发言，让其他学生根据听到的信息进行相应的评论。然后，教师将整个班级的观点都集合在一起。这样也可以增强学生的听与说之间的联系。在教学支架下，大学英语的课堂评价实际上并不是唯一的参考标志，而是应该综合学生在学习过程中所展现出来的能力，对其进行一个综合性的判断。

在教学支架背景下，大学视听说英语教学开始将学生放在首要的位置，将教师看作一个组织者和促进者，让学生可以在自由的情境中学习。这种将学生作为主体的教学方式，不仅可以培养学生对英语的综合应用能力，还会让英语视听说教学朝着自主化和个性化的方向发展。

参考文献

[1] 蔡宝来，张诗雅，杨伊.MOOC 与翻转课堂：概念、基本特征及设计策略 [J]. 教育研究，2015，36（11）：82-90.

[2] 郭巧棉.浅析皮革商贸英语翻译问题及翻译策略:评《国际商务合同的文体与翻译》[J]. 皮革科学与工程，2020，30（1）：51.

[3] 哈格德.MOOC 正在成熟 [J]. 王保华，何欣蕾，译.教育研究，2014，35（5）：92-99，112.

[4] 黄琼慧.商务英语语言学的理论体系研究 [J]. 开封教育学院学报，2016，36（2）：68-69.

[5] 李筱洁.基于 SPOC 与翻转课堂的大学英语教学实践问题与对策分析 [J]. 内江师范学院学报，2020，35（1）：84-88.

[6] 刘小琴.应用型本科大学"英语语言学"教学存在的问题与对策 [J]. 英语教师，2018，18（7）：56-58.

[7] 曲通馥."雨课堂+对分课堂"教学模式在大学英语写作教学中的实证研究 [J]. 内江师范学院学报，2020，35（1）：89-94.

[8] 任丽霞，吕桂凤.翻转课堂在大学英语教学中的应用 [J]. 吉林医药学院学报，2020，41（1）：75-76.

[9] 王慧.基于职业岗位导向的高职英语教学改革研究 [J]. 轻纺工业与技术，2020，49（1）：183-184.

[10] 王佐良.翻译：思考与试笔 [M]. 北京：外语教学与研究出版社，1989.

[11] 吴春梅.试析互动模式在高中英语教学中的应用 [J]. 中学课程辅导（教学研究），2013，7（26）：97.

[12] 吴为善，严慧仙.跨文化交际概论 [M]. 北京：商务印书馆，2008.

[13] 杨雪.浅谈英语教学中应用语言学的有效应用 [J]. 教育现代化，2018，5（11）：185-186.

[14] 姚丽，姚烨.英汉文化差异下的英语教学探究 [M]. 北京：中国书籍出版社，2014.

[15] 张红玲.跨文化外语教学 [M]. 上海：上海外语教育出版社，2007.

[16] 张丽莹，于江.论《他们眼望上苍》中赫斯顿的"协合"[J]. 湖南医科大学学报（社会科学版），2008，10（6）：141-144.

[17] 郑雨. 大学英语教学中模糊语言学的语用意义分析[J]. 西部素质教育, 2015, 1(6): 46.

[18] 左滢. ACTIVE 教学模式在高中英语读写结合课中的实践研究: 以 School life 教学为例[J]. 英语教师, 2017, 17(4): 141-143+154.

[19] 杜开群. 关于大学英语语言学教学问题及对策分析[J]. 山东农业工程学院学报, 2017, 34(2): 5-6.

[20] 翁凤翔. 商务英语学科理论体系架构思考[J]. 中国外语, 2009, 6(04): 12-17+30.